路面電車からトラムへ

― フランスの都市交通政策の挑戦 ―

青木　亮・湧口清隆　著

晃洋書房

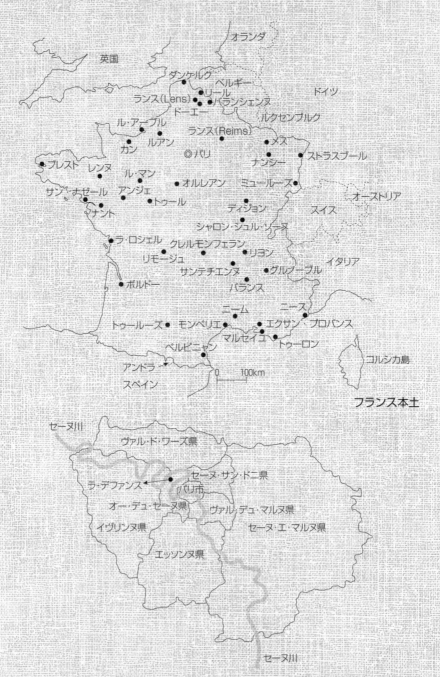

英国

オランダ

ダンケルク

ベルギー

ランス(Lens)　リール

ドイツ

バランシェンヌ

ドーエー

ル・アーブル

ルクセンブルク

ランス(Reims)

カン　ルアン

メス

◎パリ

ブレスト　レンヌ

ナンシー

ストラスブール

ル・マン

サン・ナゼール

アンジェ

オルレアン

ミュールーズ

オーストリア

ナント

トゥール

ディジョン

スイス

シャロン・シュル・ソーヌ

ラ・ロシェル

クレルモンフェラン

リヨン

リモージュ

イタリア

サンテチエンヌ

グルノーブル

ボルドー

バランス

ニーム

ニース

トゥールーズ　モンペリエ

エクサン・プロバンス

マルセイユ

トゥーロン

ペルピニャン

コルシカ島

アンドラ

0　　100km

スペイン

フランス本土

セーヌ川

ヴァル・ド・ワーズ県

セーヌ・サン・ドニ県

ラ・デファンス

パリ市

オー・デュ・セーヌ県

ヴァル・デュ・マルヌ県

イヴリンヌ県

セーヌ・エ・マルヌ県

エッソンヌ県

セーヌ川

イル・ド・フランス地域圏

出典：筆者作

はじめに

　1958年1月21日，ナントの古い路面電車は終焉を迎えた．1985年1月7日，ナントで近代的なトラムの最初の路線が運行し始めた．地上を走行する大量輸送公共交通システムの選択にあたり，当時の議会はあらゆる公共交通機関の中から，公共空間を占有するモードを選択した．このようにして郊外の生活に大変革が始まった．今日，ナントと周辺に43kmの路線を持つほか，フランスの22都市で近代的なトラムが運行されている．

　1983年にナント市民の50％がトラムを支持した．1993年には，それが93％になった．今日，「トラム」は間違いなくナントの「誇り」である．公共交通という言葉には，「快適」，「速い」，「高品質」，「実用的」，「交通渋滞回避に役立つ」との意味を含んでいる．それは都市の遺産として不可欠な要素である．トラムの優れた点は，乗降の容易さや到着時間の確実さ，信頼性，快適な乗車時間，利用しやすい停留所などを含めた，すばらしい移動空間にある．

（Le tramway de Nantes［ナントのトラム紹介のパンフレット］より）

　1985年1月7日，フランスのナントでトラムが復活した．この復活がその後，日本も含め，都市交通でトラムが再評価されるきっかけとなった．この復活は，それまでの古くさいイメージや邪魔者扱いされていたトラムのイメージを一変させ，斬新なデザインの車両や低床車両導入などの技術革新，利用のしやすさを追求した様々な工夫とともに，都市交通の世界で衝撃をもって迎えられたように思う．著者の一人である青木も，ストラスブールやルアンを訪れ，新たに導入されたトラムを初めて見たとき，日本で見慣れた旧来型の路面電車との違いに新鮮な驚きを持ったことを覚えている．

　フランスの都市公共交通については，フランスだけでなく欧米全般の交通政策や施設を紹介した西村・服部（2000）やJaneの年鑑 Jane's Urban Transport Systems, 90年代頃までのフランスの都市開発とトラム導入など公共交通の関係を詳しく述べた望月 (2001), ストラスブールを中心にまちづくりと都市交通の関わり合いをまとめたヴァンソン藤井 (2011) などの著作が既に発表されている。本書の著者である青木と湧口は, 2004年9月以降, トラムを導入しているフランス各都市や研究機関を訪れ, 行政当局や運行事業者, 交通関係の専門家等にヒヤリングを行うとともに, 資料収集や分析を行ってきた。現地調査や本書執筆にあたり, 上記書籍を含め多くの既存文献を利用させていただいた。最初の現地調査は2004年のルアンとリヨンであり, その後, カン, オルレアン, ボルドー, クレルモンフェランなどトラムやガイドウェイ・バスが導入されている諸都市を訪れた。また最近は, ナントを中心に, トラム導入の経緯とその後の変化を継続して調査を進めている。研究範囲はトラム導入理由に始まり, 財政負担の仕組みやトラム導入の成果, フランスの運行委託制度, トラムに代わる新たなモードの導入など, 広範囲にわたった。それら成果については, これまでに公益事業学会や日本交通学会などで報告してきたほか, 学術論文として発表してきた。

　本書は, これまでの我々2人の成果を取りまとめたものである。ナントでのトラム導入の経緯に始まり (第1章), フランスの諸都市における動向 (第2章), さらにトラム導入に大きな影響を与えた交通負担金制度 (第3章) や, フランス独自の仕組みとも言える運行委託制度 (第4章) をとりあげる。さらにトラム導入による都市交通の成果を分析し (第5章), トラム導入後の動きとして, ガイドウェイ・バスや高品質な新バス・サービス (BHNS: Bus à Haut Niveau de Service) をとりあげる (第6章)。最後にまとめと日本への示唆を述べている。本書は, ナントでのトラム再導入に始まり, ナントでの新たな動き「バスウェイ」(Busway) や「クロノバス」(Chronobus) へとつながるフランスの都市交通政策と結果の一連の流れをとらえることを目指している。

　ただし最初のころに行った調査や論文発表から既に10年以上の月日が過ぎていることもあり, 本書の執筆にあたっては, データのアップデートを行ったほか, 加筆修正を行っている。執筆時期や本書の構成との関係で, かなり大幅な修正を行った部分もある。また, 第1章や第3章のように, 内容の一部を学会報告として発表したことはあったが, 論文としてはほぼ完全に新規に執筆した

部分もある．アップデート可能な部分については，2012年データまでを含むように努めたが，資料の制約や構成上，一部はそれ以前のデータのまま留めた部分もある．また必要に応じて，2012年以降の状況にも触れている．

　本書は，我々が共同で行ってきた成果をもとにしており，またこれまでの学会報告や論文執筆もその多くは連名で行ってきた．その意味では2人の共同成果と言える．ただし今回の執筆にあたり，第1章と第3章を湧口が執筆し，第2章と第4章，第5章，第6章，第7章を青木が担当して加筆，修正を行った．

　主に本書のもとになった論文は，それぞれ以下である．

青木亮・湧口清隆（2005）：「フランスの都市交通政策におけるトラムの現状と課題」『公益事業研究』第57巻第3号，pp. 29-37.

青木亮・湧口清隆（2007）：「フランス型BRTの普及とその背景」『人と環境にやさしい交通をめざす全国大会論集・第2集——路面電車の未来にむけて・第4集——』pp. 35-36.

青木亮・湧口清隆（2008）：「フランスにおける都市内公共交通の運営システムに関する考察」『交通学研究／2007年研究年報』第51号，pp. 109-118.

青木亮・湧口清隆（2008）：「5章　フランスにおける交通事業の運営委託」『交通関係政府財源の流用問題と地方公共交通への補助政策に関する研究（日交研シリーズA443）』，日本交通政策研究会.

青木亮・湧口清隆（2008）：「フランスの都市交通政策にみるガイドウェイ・バスの意義と役割」『公益事業研究』第60巻第1号，pp. 1-9.

青木亮・湧口清隆（2009）：「5章　KEOLIS社にみるフランスの運行委託制度」『地方分権化の進展に伴う地域交通への公的関与のあり方（日交研シリーズA481）』，日本交通政策研究会.

青木亮・湧口清隆（2009）：「フランスにおける公共交通の運営形態と課題」『運輸と経済』第69巻第10号，pp. 41-50.

青木亮・湧口清隆（2010）：「フランスの都市交通について——LRTを中心に——」『都市交通政策の国際比較』関西鉄道協会都市交通研究所，pp. 49-58.

青木亮・湧口清隆（2012）：「フランスにおける都市交通の新たな潮流」『公益事業研究』第64巻第2号，pp. 1-10.

青木亮・湧口清隆（2014）：「フランス・ナントにおける新たな公共交通施策導入の取り組み」『運輸と経済』第74巻第6号，pp. 76-86.

　10年以上にわたる研究であるが，なぜナントで最初にトラム導入がなされたのか，またどのような理由からトラム復活が行われたのかは，我々が研究を進めていく上で，長い間大きな疑問の一つであった．これについては，導入を決定した当時のナント市長であるアラン・シェナール（Alain CHENARD）氏に2013年3月にヒヤリングを実施でき，また関連資料を収集できたことで，かなりの程度明らかになったと思う．また，フランス独自の動きともいえるTVRなど新たなモードの登場や，BHNSであるルアンのTEORやナントの「バスウェイ」について，導入理由や背後にある考え方を現地調査や資料収集して，学会その他で報告できたことも成果の一つである．

　さらに研究から派生して，2016年には中央大学の教養番組の作成に関わらせていただき，フランスのトラムについて紹介する機会を得た．テレビ番組の作成というなかなか経験できない，貴重な機会となった．このような機会を設けていただいた塩見英治中央大学名誉教授に御礼申し上げる．

　中央大学教養番組「知の回廊　第110回　まちづくり，環境対策とLRT」取材協力，2016年10月8日J-COM　TVにて放映，http://www.chuo-u.ac.jp/usr/kairou/news/2016/10/47945/から視聴可能．

　研究を進める中で，現地でのヒヤリング調査に負うところは大きく，湧口の留学時代の経験や人脈をもとにヒヤリングを進めることができた．フランスの都市交通分野においても，詳細に立ち入ろうとすると，外国人の我々にとっては理解の難しい部分や，取扱いに注意が必要な微妙な問題をはらむこともあったが，様々な当事者から直接話を聞けたことは，研究の進展・深化に大いに役立った．十分なヒヤリングが可能でなければ，研究は入口で立ち往生したままであったかも知れない．現地調査に協力いただいたすべての方を記すことは難しいが，Ingenieur des Ponts et Chaussees の Emmanuel DOUMAS 氏，Conseil général des Ponts et Chaussees の Jean ORSELLI 氏，CERTU の Thomas VIDAL 氏，Géraldine BONNET 氏，CETE Normandie Centre の Anthony Le ROUSIC 氏，Communaute d'Agglomeration Rouen の Jean RINCEÉ 氏，TCAR の Philippe LEMASSON 氏，元ナント市長の Alain CHENARD 氏，ナント都市圏の都市政策を主に扱う Nantes Métropole の Sébastien RABUEL 氏，Anne VICENZOTTI 氏，*Place Publique* 誌編集長の Thierry GUIDET 氏（以上，すべてヒヤリング当時の所属）をはじめとする関係者の方々のお名前を特に記して感謝申し上げたい．また，湧口がフランス国鉄貨物局でのインターンシップ時（1994年夏）にお世話になった貨物局国際部長の Marie-France LA-GRAULET 氏（肩書は当時），一緒にインターンをおこなった Marisa CHABA-NEIX 氏には，ヒヤリング時の紹介などで大変お世話になったことに御礼を申し上げる．さらに，日本交通学会や公益事業学会の報告時にコメントをいただいた先生方，匿名の査読者の先生方に厚く御礼申し上げる．

2019年10月

青 木　　亮
湧 口 清 隆

＊フランスの都市交通では，複数自治体（コミューン）が連合して都市交通圏（PTU: Périmètre des Transports Urbains）を形成することが一般的である．本書の都市圏の表記は，特に断りがなければ，都市交通圏を示している．

目　　次

第1章　ナント市のトラム導入事例から

1　ナントのトラム

　フランスにおける都市公共交通整備制度の変遷を考えるうえで大変興味深い都市が，西部，ブルターニュ地方の都市ナント（Nantes）である．

　ナントはロワール川の河口近くの河岸にある人口第6位の大都市で，パリ（Paris）からTGVで約2時間，550 kmほど離れた所に位置する．古くは，大西洋に出る港湾都市として栄え，近世にはボルドー（Bordeaux）と並び三角貿易の一拠点となった[1]．また，その昔にはアンリ4世が1598年にいわゆる「ナントの勅令」を発布したことで知られる都市である．このような歴史が，市中心部のブルターニュ公爵城や大聖堂，古い建物，菓子工場（跡）やたばこ工場（跡），河岸（跡）などの歴史遺産や，文化・芸術的伝統につながっている．『80日間世界一周』，『海底2万マイル』の著者ヴェルヌ（Jules VERNE, 1828年〜1905年）氏が少年時代を過ごした19世紀中頃には河岸に大きな帆船や商船が停泊し，それらを建造・修理する造船所や海外から運ばれた原材料を加工する各種工業で賑わっていた．

　市内の公共交通も民間事業者により整備され，1826年には乗合馬車が，1879年には圧縮空気を動力源とする車両を用いた軌道も開通した．1911年には軌道の路面電車化の工事が着手され，第一次世界大戦後に完成した．1932年には20路線14系統を擁するネットワークに拡大した．一方で，この頃からモータリゼーションが進展し，1924年に初めて市内で運行を開始した乗合バスへの置き換えも始まった．1943年9月の大空襲による町の大規模な破壊により，この流れが加速することになった．1958年1月には最後の路面電車も廃止され，1876年に設立されたナント軌道会社（CTN: Compagnie des Tramways de Nantes）はナント公共交通会社（CNTC: Compagnie Nantaise des Transports en Commun）に改称

した.

　第二次世界大戦後，海外の植民地の独立が進むなかで旧植民地から移入される砂糖やたばこの葉を原料とした工業が衰退した．また，ロワール川の砂の堆積や船舶の大型化に伴い，ナントの外港としてロワール川の約30 km 下流のサン・ナゼール（Saint-Nazaire）の港湾が整備されると，造船業や海運業も停滞し，1960年代，70年代にはナント市の経済的衰退が深刻化した．一方で，もともと工業都市であったことから労働者も多く，政治的に左派が強い都市として知られ，福祉政策にも力を入れていたため，周辺部の農村から人口が流入したほか，北アフリカ諸国から移民の人たちも多数流入した．このような状況を背景にナント都市圏の人口は増大し，1960年代以降，市及び都市圏の郊外部に「HLM」（Habitation à Loyer Modéré）と呼ばれる低家賃の高層公共住宅が多数建てられた．また，ロワール川を渡る橋も市中心部に架けられていたために，ナント市中心部を起終点とする交通のみならず，通過交通も市中心部に押し寄せる状況となっており，1975年頃には交通渋滞や交通事故が深刻化していた．

　以上のような歴史的経緯のなかで，1977年に市長に就任した社会党のシェナール（Alain CHENARD）氏のもとで公共交通の整備が計画された．その一環として1958年に廃止された路面電車をトラムとして新たに建設することが決定され，1985年に運行が開始された．その結果，ナントは，一度廃止された路面電車が復活したフランス最初の都市として注目されることになった．一方で，トラム導入を決定したシェナール氏は1983年の市長選で落選し，トラム建設反対派で右派の共和国連合のショティ（Michel CHAUTY）氏が市長に選出された．そのため，「トラムを導入すると市長は落選する」というイメージを与えることとなった．しかし，後述するように，シェナール元市長への2013年3月27日と2016年8月13日の2度のインタビューや選挙戦当時の報道，近年行われたシンポジウムやそれをもとにした記事などを丹念に分析すると，これは誤ったイメージであることが見えてくる．

　ナントのトラムは建設反対派のショティ市長のもとで路線の延伸が決定され，1989年の市長選で当選し，フランス首相に就く2012年まで市長職にあった左派の社会党のエロー（Jean-Marc AYRAULT）氏のもとで延伸と新線建設が進められた．この間，1号線に続き，2号線，3号線がトラム（LRT: Light Rail Tran-

sit）として建設され，4 号線は BRT（Bus Rapid Transit）の「バスウェイ」
（Busway）として整備された．さらに10近い路線が高規格バスの「クロノバス」
（Chronobus）として整備されている．輸送手段の違いは単に需要量の違いを反
映したものではなく，フランスにおける都市の公共交通整備をめぐる政策の変
化をうまく映し出すものともなっている．

　そこで本章では，ナントにおける公共交通ネットワークの整備過程を振り返
りながら，フランスの都市交通政策の変遷やその効果を検証していきたい．

2　トラム導入決定の背景

（1）シェナール市長就任前

　前述のとおり，ナントでは最後の路面電車は1958年 1 月に廃止された．末期
の路面電車は黄色に塗られていたことから，多くのナント市民は「黄禍」
（péril jaune）と呼び，邪魔者扱いしていた．当時の路面電車は道路の真ん中を
軌道と道路との仕切りなく自動車とともに走行していたため，自動車との衝突
事故が絶えず，乗客も路面電車を降りると自動車の横をすり抜けなければなら
なかった．一方で，周辺各地から市中心部に自動車が流入してきたので，駐車
スペースが足りず，歩道に駐車する車が後を絶たないため，歩道をベビーカー
が通行することも困難で，街が完全に分断されていた．

　1965 年から77 年まで市長を務めた左派（民主左翼党）のモリス（André
MORICE）氏は，南北軸と東西軸の 2 つの高速道路を建設し，ブルターニュ公
爵城の前で交差させ，ロワール川を橋で渡せば，市街地から自動車を分離でき，
かつ高速道路によるアクセス向上に伴って，街が商業的に発展すると考えてい
た．一方，1974年から75年にフランスの左派が再編され，新社会党の結成に際
しモリス氏と袂を分かったシェナール氏（新社会党）は，この構想により中心
部の歴史的地区が破壊されてしまうことに強く反対しており，1977年の選挙戦
ではこのような高速道路を建設させないことを公約に掲げた．シェナール氏は
当時を回顧して，「我々は町を変えたいと思っていたが，実際に絶対にやって
はならないことはわかっていた．モリス市政は城の前で中心部直結の幹線道路
を交差させるという精神錯乱状態の事業を進めていた．エルドル川とロワール

川に沿って高速道路などが建設されれば，町は荒れ，変貌したであろう．」と
述べている[2]．

　ナント市では，1958年の路面電車の廃止後も，引き続き民間事業者の
CNTC が自治体から補助金を得てバスを運行し，公共交通が確保されてきた．
モリス氏が市長在任中の1975年に，ナント市は周辺自治体と共同でナント都市
圏の交通計画と財源管理を担うナント都市圏交通事業組合（SITPAN: Syndicat
Intercommunal des Transports Publics de l'Agglomération Nantaise）を創設し，1975
年の CNTC の運行免許満了後の運行形態を検討した．その結果，公営企業で
あるナント都市圏交通会社（STAN: Société des Transports de l'Agglomération Nan-
taise）を設立し，1976年から公共交通を公営化した．

　シェナール氏は，公共交通を整備しなければ，交通渋滞の問題も，周辺の農
村からの移住者や北アフリカからの移民などの新住民と古くからの住民との間
の分断という新たな問題も解決できないという危機感を持っていた．1974年に
始まる石油危機とそれに伴う失業者の増大も社会問題化してきた．1960年代か
ら70年代にかけて，新住民の住む HLM の多くが市の外縁部に建設され，かつ
新住民の多くは低所得者で自家用車を所有する余裕がなかったため，市中心部
までの公共交通が確保されなければ，住民は居住する HLM 周辺で仕事も買い
物も済ませるようになり，市内外各地に散らばる高層公共住宅地区が「ゲット
ー」化する危惧があった．そこで，シェナール氏は市内を通過する自動車の削
減に加え，公共交通の整備を市長就任後の政策の一つに掲げることにした．

（2）1977年市長・市議会議員選挙

　1977年3月に統一地方選挙の一環として市長・市議会議員の選挙が実施され
た．任期は6年である．選挙方法は日本と全く異なり，各政党が市議会の定数
と同数の候補者名簿を提出し，その政党が当選した場合，その名簿の候補者全
員が市議会議員になり，最上位にある候補者が市長となるしくみである．小規
模自治体では投票者が名簿の候補者を削除・追加することが認められていたが，
ナント市はフランス第6位の大都市で削除・追加は認められていなかった．ま
た，ナント市はフランス北西部を代表する都市であり，国政の動向が結果に反
映される傾向があった．第1位の政党が当選するためには，第1回投票におい

表1-1　1977年市長・市議会議員選挙

第1回投票（第1位政党が過半数を獲得しない場合には上位2政党間での決選投票）

有権者	152,241	投票総数	102,497	有効票	100,968
Nouvel élan (Morice)		Union de la gauche (Chènard)		Nantes démocratie vivante (Sourdille)	
得票：44,177		得票：44,506		得票：12,285	

第2回投票（上位2政党間での決選投票）

有権者	152,241	投票総数	109,975	有効票	108,103
Nouvel élan (Morice)		Union de la gauche (Chènard)			
得票：53,742		得票：54,361			

出典：Ouest France 紙, Press-Océan 紙をもとに筆者作成.

て過半数の票を獲得することが必要で，そうでない場合には上位2つの政党間で決選投票（第2回投票）が行われる．したがって，当選した政党は市長のみならず，市議会のすべての議席を独占できるしくみであった（後述するように1983年の選挙から一部変更）．

　1977年のナントの市長・市議会議員選挙では，前市長のモリス氏が率いる「Nouvel élan」，シェナール氏が率いる「Union de la gauche」，スルディーユ（Jacques SOURDILLE）氏が率いる「Nantes démocratie vivante」の3つの名簿が有権者に示された．第1回投票ではシェナール氏率いる「Union de la gauche」は第1位となったものの，有効票の過半数（50,485票）を制せず，第2回投票に持ち込まれた．第2回投票では，「Union de la gauche」が619票差で「Nouvel élan」を破ったことから，シェナール氏の市長就任と，同氏を中心とする新社会党のメンバーが市政を担うことが決定した（表1-1）．

　2回の選挙の投票総数に着目すると，有力政党が2つあり，第三の政党も存在することから，多くの市民が1回の投票で決着しないと考え，1回目の投票を棄権した者も約7,500人いることが見て取れる．有権者数に対する比率では5％に相当する．また，有力政党はどちらも左派であり，第1回投票から見る限り，右派の得票率は12％に過ぎない．そのようなナント市民の態度，行動が1983年選挙では「番狂わせ」の結果を生むことになった．

（3）シェナール市長のもとでの決定

　当時40歳のシェナール氏は1977年 3 月に市長に就任すると，すぐに交通問題の検討に着手した．

　シェナール氏はナント都市圏の交通政策と財源問題を担当していた SIT-PAN に調査を命じ，SITPAN はパリ交通公団（RATP: Régie Autonome des Transports Parisiens）の技術コンサルタント子会社 SOFRETU（SOciété Française d'études et de REalisations de Transports Urbains）に調査を委託した．

　それに先立つ1975年，運輸担当大臣のカヴァイエ（Marcel CAVAILLE）氏が，8 大都市（ボルドー，グルノーブル [Grenoble]，ナンシー [Nancy]，ニース [Nice]，ルアン [Rouen]，ストラスブール [Strasbourg]，トゥーロン [Toulon]，トゥールーズ [Toulouse]）と車両メーカーに呼び掛け，既存の道路上を走行可能な電気式で誘導型の新たな都市交通のデザインを募集した．これは「カヴァイエ・コンクール」（Concours Cavaillé）と呼ばれる提案公募で，8 都市にはナントは含まれていなかった．1977年の統一地方選を前に 8 都市からの提案はなかったが，車両メーカーからは後にフランスの標準仕様となる車両の提案が行われた．併せて，国も地方都市での交通混雑の解決策を検討した．その結果，次の 3 案が挙げられていた．

①自動車交通を抑制しないまま，新たに地下鉄（日本の「新交通システム」に相当する「VAL」を含む）を建設する．

②路線バスのネットワークを整備する．

③新たにトラムを整備する．

　SOFRETU は，これらの提案や調査結果を参考にしながら，国が示した 3 つの選択肢をナントにあてはめ，課題を検討した（表 1 - 2 ）．バス整備のなかには，トロリー・バスも含まれていたようである．

　その結果，地下鉄やバスという選択肢は消え，トラム導入が合理的であるという結論に達した．また，路線は営業休止中の SNCF（Société Nationale des Chemins de fer Français）の線路を活用しつつ，ブルターニュ公爵城を中心とする歴史的中心地区を避けて建設するというプランが示された．

　シェナール氏への2013年のヒヤリングによれば，同氏がトラム導入を決断し

表1-2　ナントにおける新しい公共交通のモード間比較

選択肢	ナントにおける課題など
① 地下鉄建設	• 半地下を東西に走る既存のフランス国鉄（SNCF: Société Nationale des Chemins de fer Français）の線路が障害になることに加え，ナントは地形的に固い岩盤とロワール川の軟弱地盤の双方が存在しており，トンネル建設は技術的に困難であると同時に経済的ではない．
② バス整備	• 当時の都市圏人口は30万人を下回っているが，2000年には100万人に達するという予測があり，市の郊外から中心部へ大量の人の移動が生じる．バス整備では自動車渋滞は緩和するものの，バスが原因となる渋滞が発生する恐れがある． • また，バスは専用道路を設けても当時の交通量を吸収する能力はない．バスが相互通行するためには道路幅員が足りない．
③ トラム建設	• トラムはレール上を走行するため，幅員がバスより少なくて済む．また，VALと輸送能力は同等．中心部では空間確保が重要なため，幅員が少なくて済むトラムは合理的かつ経済的である．さらに，営業休止中のSNCFの線路を利用することも可能である． • 「黄禍」の悪いイメージが残っており，そのままでは市民の賛同を得られない．

出典：筆者作成．

た日は1978年8月のバカンス明けの月曜日で，朝一番の仕事であったそうだ．しかし，「黄禍」のイメージが抜けきれない人たちが多い市役所内の説得から始まり，市民の賛同，国との交渉，周辺自治体との調整などに莫大なエネルギーが必要であったという．

　まず，市民への説得については，トラム導入に伴い「交通負担金」（VT: Versement Transport）の税率が1.0％から当時の最高税率の1.5％に引き上げられることから，VTを実際に負担する雇用主の団体や最低税率を主張する商工会議所から大反対の声が上がった．もともと企業は右派であったから，左派の市政に対して批判的だった．このような反対に対し，トラム建設の資金はVTだけではなく国の補助金などでも賄われることから，VTで支払う以上の収入がナント市全体にもたらされる．トラム工事が開始されれば工事受託企業はVTの支払額を十分に回収できるという論理で説得し，最終的に理解してもらえた．実際，1983年にショティ氏が市長に就任しトラム建設を中止しようとした際に，中止されては困ると反対したのはほかならぬ工事受託企業であった．尤もVTの税率に関しては財政上1.5％まで引き上げる必要はなかったが，法定上限いっぱいまで引き上げたことにより，借入れの返済を早めることができ

た．また，個人に対しては，昔の路面電車とは全くイメージが異なるモダンな乗り物が各個人の財政的負担なく導入され，移動が便利になることを強調した．

当時，国はトラム導入を決定した自治体に補助することを決めていたが，補助金額の決定は大幅にずれ込んだ．運輸担当大臣はカヴァイエ氏から交代しており，1974年〜81年のフランス大統領は右派のジスカール・デスタン（Valéry M. R. G. GISCARD D'ESTIANG）氏であったから，左派政権の都市に対して厳しかったことも一因である．しかし，1981年の大統領選挙で社会党のミッテラン（François Maurice Adrien Marie MITTERRAND）氏が大統領に選ばれ，共産党のフィッテルマン（Charles FITERMAN）氏が運輸大臣に就任すると，[3]最終的に投資額の50％の補助率となった．その結果，投資額の約4億300万フラン（約6,000万ユーロ）のうち約半分を占めるインフラ建設費用の半額が国から補助され，約1/4を占める車両購入費の大半をナント市が負担し，残りを借入れで賄うこととなった．借入れ分は毎年のVTから充当された．

一方，周辺自治体との交渉では，周辺市町村はトラム整備に反対，もしくは賛成であっても費用負担には反対の立場であったため，1号線の最初の開業区間はナント市内に限定される結果となった．この点は1号線の西側部分に反映されており，当初はナント市内で路線が完結するようにJametを経由してBellevueに路線が敷かれていたが，1989年にエロー氏が市長に就任すると，線形を変更してJametを経由せずにBellevueを結ぶルートに変更し，エロー氏がナント市長就任前に市長を務めたサン・テルブラン（St. Herblain）市へ延伸した．[4]また，意思決定を迅速化するために，1979年に公営企業のSTANを半官半民企業のSemitan（Société d'économie mixte des transports de l'agglomération nantaise）に改組し，公共交通の専門家のビギー（Michel BIGEY）氏をトップ（directeur général）に据えるとともに，トラムの設計から建設，運行までを担わせ，意思決定の一元化を実施したことも特筆すべき点である．当時の手法は，設計を市が行い，工事，運営はそれぞれ別会社が行うことが一般的であったが，ナントの場合には，設計及び工事の施行をナント都市圏が，運営をナント都市圏が筆頭株主となっているSemitanが担うことで，Semitanがプロジェクト全体を管理できた．その結果，Semitanがトラム運営の技術的，経営的なノウハウを得ると同時に，職員のやる気向上にもつながる点で優れている．このよう

図1-1　トラム1号線の概略図

出典：筆者作成.

なしくみはナントが最初の事例で，「Semitan＝トラム」という企業文化が育つことになった．その一例として，最初にナント市内の東西を結ぶ路線（1号線）を着手するにあたり，起点と終点を一直線に結ぶのではなく，ちょうど三角形の2辺にあたるルートを採用し，東半分（**図1-1**の黒実線部分）はSNCFの営業休止路線を活用することにより工事を最小限にとどめるとともに，歴史的建造物の多い市の中心部を貫通させずにすませたことが挙げられるだろう[5]．

　このように反対勢力を説得し，建設の合意を得たことから，Semitanは1980年3月にトラム建設の入札を実施し，アルストム（Alsthom，現 Alstom）社が落札した．1981年2月にいわゆる「公益事業宣言」が発出され，同年11月に着工，1984年末に竣工，12月20日から22日に無料の試乗会が開催された後，1985年1月7日に開業した．シェナール氏は開業日，国民議会の委員会に出席のため，パリに滞在中であった（1978年～88年にはロワール・アトランティック［Loire-Atlantique］県選出の国民議会議員でもあった）．ニュースで，フランス全土で大雪のために交通機関が麻痺し，ナントでも自動車やバスが立ち往生したが，この日開業したトラムだけは運行していたことを聞き，いろいろあったが報われたと子供のように大泣きした[6]．この雪の出来事で，ナントのトラムは有名になった．

　市長としてのシェナール氏の業績はトラム導入が有名であるが，そのほかにも以下のような実績がある．交通分野では，市の外周を通る環状高速道路の建設を手掛けるとともに，メディアテーク（Médiathèque），プチポール（Petit

Port）の余暇センター，ボジョワール競技場（Stade de la Beaujoire）の建設やナントのたばこ工場の改築をおこなった．さらに，ナント造船所の計画的な閉鎖に伴い，代わりとなるマトラやGMの自動車工場を誘致した（ただし，GMについては最終的に産業大臣の反対により工場は建設できなかった）．また，市中心部を貫く高速道路に代わり，環状高速道路を整備した．その際，ロワール川の渡河方法が問題となり，シェナール氏はトンネル案を主張したが，技術的困難さから最終的に橋（Pont de Chevire）が選択され，ショティ氏の下で橋の建設が決定された．

これらの実績の背景には，シェナール氏が40歳で市長に当選しており，「モリス氏は77歳で，もし3選されていれば任期終了は83歳であった．」「我々の大きな仕事は，モリス氏がみすぼらしくしてしまった市役所の近代化であった．退職者のおかげで，新たなチームと新しい血が入り，その名に値する市政を行うことを可能にしたのだ．我々はこの町に活力を呼び戻したのだ」と回想するように，[7] IBMの技術系営業職だった経験を踏まえて，市役所の近代化（意思決定の迅速化，効率化など）を実施したことが挙げられる．

3　トラム建設決定と1983年の市長・市議会議員選挙

（1）1983年市長・市議会議員選挙

1983年のナント市長・市議会議員選挙はしばしばトラムが争点となったと言われる．たしかにトラム建設を推進したシェナール氏と反対派のショティ氏が争い，シェナール氏が敗れたことから，そのような見方がされることは何ら不思議ではない．しかし，選挙前後の地元有力紙（Ouest France及びPress-Océan）の記事を見る限り，トラム建設は争点としてほとんど挙がっていなかった．

1983年の地方選では基本的な選出ルールは従来と変わらないものの，獲得議席に関して，従来のように過半数の支持を得た第1位政党の名簿に掲載された候補者がすべて独占するのではなく，議席の半分を第1位政党が獲得し，残りを最大平均法で得票数に応じて比例配分する方式に変更された（現行の方式は在日フランス国大使館のウェブサイトを参照）．[8]

1983年のナント市長・市議会議員選挙は3月6日に実施された．77年の3つ

表1-3　1983年市長選・市議会議員選挙

有権者	160,379	投票総数		108,645	有効票	106,255
Nantes Plus (Chauty)	Union de la gauche (Chènard)	Autogestion et Ecologie (Dousset)		Nantes d'abord (Routier-Preuvost)	Ligue communiste révolutionnaire (Nicol)	
53,648	42,261	4,494		4,403	1,449	
48議席	13議席	0議席		0議席	0議席	

出典：Ouest France 紙，Press-Océan 紙をもとに筆者作成.

の政党とは異なり，**表1-3**のように5つの政党間で争われることとなった．左派だけでもシェナール氏率いる「Union de la gauche」のほか，「Nantes d'abord」[9)]，「Ligue communiste révolutionnaire」の3つに分裂していた．そのため，大方の市民は票が5つに分かれるために第1回投票で過半数を制する政党はないだろうという判断で，第1回投票では前回同様に棄権者が多かった（77年，83年とも第1回投票の投票率は67％台，77年の第2回投票の投票率は72％台）．しかし，第1回投票で，ショティ氏率いる「Nantes Plus」は53,648票を獲得し，過半数の53,128票を520票上回ったため，ショティ陣営が勝利することとなった．新たなルールに従い，右派のトラム建設反対派のショティ氏が市長に就任するとともに，右派が市議会の48議席を獲得し，「Union de la gauche」はシェナール氏を含む13議席を獲得するにとどまった．

　シェナール氏にとって，足元の不幸は選挙戦がトラム建設の真っ只中で行われ，市民がトラム導入の効果を理解することができなかっただけではなく，工事に伴う交通規制で工事前よりも移動に不自由を感じていた可能性があったことである．また，ショティ氏がシェナール氏に対して中傷合戦を仕掛けたことも結果に多少影響した可能性がある[10)]．

　しかし，それ以上に大きな影響は，国政レベルで左派に強い逆風が吹いていたことであった．1981年の大統領選挙では，社会党のミッテラン氏が大統領に選ばれ，社会党のモロワ（Pierre MAUROY）首相のもと，主要産業の国有化や週39時間労働，60歳定年制などが導入されたが，石油危機の伴う経済停滞のなかでインフレや失業者の増大などの経済混乱が生じた．そのため左派に対する反感が高まっていた時期であった．また，公教育の充実に伴う私立学校のあり

方も大きな論争になっていた[11]. 実際, このような流れを受けて, 1983年のフランス地方選では多くの都市で左派候補が落選し, 右派が進出した.

1983年3月8日付の Ouest France 紙は「変革の4つの理由」と題する記事で, 以下の4点をシェナール氏の敗因として挙げている[12].

- 1977年の地方選では左派が大躍進したため, 83年の地方選では全国的に右派が議席を戻した.
- 有権者の動員に欠けた (「ブルジョワ」地区では投票率が75〜80%に達したのに対し, 大衆層の多い地区では投票率が60%を超えなかった [1981年の大統領選では85%に達した]).
- 1977年に比べ, 労働者層を中心に人口が約15,000人減少している.
- ショティ陣営に比べ, シェナール陣営の選挙運動が控えめであった.

1983年の推計では, トラム1号線導入の経済効果として, 沿線から800m以内の人口7万人, 被雇用者37,000人の潜在的利用が見込まれ, 都心部の雇用を9万人増加させると予想されたが, この時点ではトラムは工事中であり, 折からの不況の真っ只中で雇用がなく, 逆に労働者人口が減っていたという皮肉な結果になってしまっていた. さらに, ブルジョワ層の商工業者は自動車交通に影響を与えるトラム建設に反対な半面, 大衆層は日和見的であった. 右派のショティ氏と左派のシェナール氏との間で決選投票になるという市民の大方の予想に反し, トラム建設に反対するショティ氏が第1回投票で選出されたことは, 「番狂わせ」な結果に終わったと分析できよう.

(2) ショティ市長のもとでのトラム建設

ショティ氏は1983年に市長に就任すると, 公約どおりトラム建設工事の即時中止を決定した. しかし, トラム建設を中止することはできなかった. なぜなら, 既に工事がかなり進捗しており, 車両をはじめ機材を発注済みであったことから, 中止する場合には高額な違約金が発生することに加え, 既に受領した国からの補助金を返還しなければならなかったためである.

結果的に, 建設反対派のショティ市長のもとで建設工事が進められ, 1984年12月に竣工, 85年1月から営業開始となった. 1月7日に Commerce (市の中

心広場）〜 Gare SNCF（国鉄ナント駅）〜 Haluchère 間が雪のなかで開業し，2月18日には Commerce 〜 Bellevue 間が開業し，1号線は全線開業した．1985年には1日平均42,000人の利用者があった．当時の車両は連接式の2両編成であったため，ピーク時間帯に4分間隔で運行しても輸送力不足が問題となり，1988年以降納入される編成からはあらかじめ中間に1両を挿入し3両編成となった．トラムは市民の人気を博したことから，ショティ市長のもとで1987年に Haluchère からスタジアムや見本市会場の最寄り駅である Beaujoire まで1号線の延伸が決定され，エロー市長に交代後の1989年4月に開業した．また，1988年に2号線の建設（Nantes 中心部から Trocardière まで）も決定された．

4　1989年の市長・市議会議員選挙とトラムの延伸

（1）1989年の市長・市議会議員選挙

　1989年の統一地方選挙では，ナント市でも他と同様，第1回投票が1989年3月12日に実施された．1983年同様，市長・市議会議員の名簿間で争い，最大得票名簿が有効票の過半数を獲得できない場合には第2回投票に持ち込まれるルールで争われた．

　左派からはナント市の隣のサン・テルブラン市の市長であったエロー氏を筆頭とする「De Passion Nantes」などが，右派からはオジュロー氏（Daniel AU-GEREAU）氏を筆頭とする「Union de l'Opposition」（野党連合：当時国政レベルでは社会党が大統領，議会多数派の双方を占めていた）が出馬した．エロー氏は1977年にサン・テルブラン市の市長にフランス最年少の市長として就任し（当時27歳），知名度や人気があったことに加え，当時のミッテラン大統領に近いことから左派筆頭に選ばれた．また，1977年のサン・テルブラン市の市長・市議会議員選挙では，エロー氏が（1983年にナント市長になった）ショティ氏を破って市長に当選したことも，右派からナント市を奪還する候補として白羽の矢が立った要因と見ることができるだろう．一方，元市長のシェナール氏は，ナント市の左派政治家の間に1970年代半ばの社会党再編時のしこりが残っており，再度市長候補に選出されることはなかった．しかし，「De Passion Nantes」の議員名簿の中にはシェナール氏も含まれていた．

表1-4　1989年市長選・市議会議員選挙

有権者	159,478	投票総数		103,642	有効票	102,090
De Passion Nantes (Ayrault)	Nantes-Verte (Huleux)		Nantes Pour Vous Tout Pour Nantes (Kucharczyk)	Union de l'Opposition (Augereau)		Nantes Fait Front (De Périer)
51,234	4,540		1,451	41,055		3,810
48議席	0議席		0議席	13議席		0議席

出典：Ouest France 紙，Press-Océan 紙をもとに筆者作成.

　エロー氏が選挙戦で掲げていた政策には，昔のナントの栄光を復活させ，「ナントを未来の欧州の大都市圏のトップに位置づける」という理念の下，32の緊急措置が含まれている．その中には，長期失業者の再転換や土地占用計画の見直し，係争中のあらゆる建設案件・建設許可の中断，トラム延伸計画に関する関係地区での公開協議の速やかな実施などが挙げられている[13]．

　第1回投票では，投票総数が103,642票と1983年の選挙に比べ約5,000票減少したことに加え，投票率が65％に下がったことから，1977年，83年同様，ほんのわずかな票差で市長・市議会議員が決定されてしまうという状況が生じた．有効票102,090票の半分の51,045票に対し，「De Passion Nantes」が獲得した票数は51,234票で，わずか189票差で市政を獲得した（表1-4）．当時の地元紙を見ると，両派とも緊迫した状況で結果を見守っており，分単位で状況が報じられている．右派側がダメだと悟ったのは21時45分[14]，エロー氏が勝利を確信したのは21時52分で[15]，「思いがけない勝利」とインタビューに答えている[16]．

　なお，同時に行われたナント都市圏の議員選挙でも左派が勝利し，69議席中51議席を占めている．ナント都市圏に参加する19市町村のうち第1回投票では11市町村で左派が首長・議会を押さえた（改選前は3市町村）．6市町村で右派が押さえ，2市町村で再投票に持ち越された[17]．

（2）1990年代以降のトラムの延伸，整備

　1989年の統一地方選挙の結果，ナント市のみならずナント都市圏の多くの市町村で左派が主流を占めたことから，トラムの延伸や新線建設が加速することとなった．また，1989年の市長選後，シェナール氏が Semitan の社長を務め

ることになったことも，その大きな原動力になっている（2001年まで）．

　ショティ氏が市長在任中に決定した1号線の Haluchère ～ Beaujoire 間の延伸がエロー市長就任後の1989年4月に開業したのに続き，1992年9月には2号線南側区間の Trocardière ～ 50 Otages 間が開業した．エロー市長の下で，1990年には2号線北側区間のナント大学までの延伸が決定され，1994年2月と8月の2回に分けて開業，Orvault Grand Val まで開業した．その後，1995年に1号線の西側への，3号線の北側への延伸工事が開始され，2000年には1号線が François Mitterrand まで，3号線が Plaisance まで開業した．2001年には，開業時に導入したアルストム社製のトラム車両に加え，ボンバルディア（Bombardier）社製車両も導入された．2004年には3号線が Sillon de Bretagne まで，2005年には2号線が Neustrie まで延伸された．さらに，2007年にはナント都市圏の南側の乗り換え拠点（SNCF の郊外路線と市内路線のトラムを連絡）として Gare de Pont-Rousseau 駅が整備され，2012年には1号線と2号線連絡プロジェクトの第1期として1号線が Ranzay まで延伸されるとともに，北側の乗り換え拠点として Haluchère-Batignolles 駅が整備された[18]．

　2002年には4号線の建設計画に着手したが，トラムのコンセプトを活かしながらも，採算面から従来のトラムではなく「バスウェイ」を導入することを決定し，2005年1月に工事を開始，3月に関係者（ナント都市圏，TRANSDEV 社，Semitan）間で契約を締結した．2007年11月にナント中心部から Vertou まで開業した．「バスウェイ」はトラム同様，ほとんどの区間を専用空間で走行するものの，軌道にはレールがなく，連接式のバス車両を用いている．ただし，通常のバスと異なり，運賃収受はトラム同様，車内で行わず，停留所で自動券売機から切符を購入，車内で改札する信用乗車システムを採用している（写真1-1，1-2）．トラムや他のバス路線同様，他路線への乗り継ぎが可能になっている[19]．

　2017年現在，Semitan の筆頭株主はナント都市圏（65％）で，残りを公共交通運営事業者の TRANSDEV 社（14.99％），ケスデパーニュ銀行（10％），ナント商工会議所（10％），環境・障がい者・生活者・家族関係の市民団体（0.01％）が所有している．また，ナント都市圏とは7年ごとに公共サービスの委託契約を結んでいる．現在，Semitan が対象としている地域はナント都市圏の24市町村，人口60万人の地域である[20]．2017年現在，トラム3路線，「バスウェイ」1路線，

出典：筆者撮影.

トラム同様に車内で
改札を自分で行う

車椅子，ベビーカー
のスペース

段差のないフラットな車内

写真1-1　「バスウェイ」車両と車内
出典：筆者撮影.

写真1-2　ナントのトラムの特徴
出典：筆者撮影.

写真1-3　クロノバス
出典：筆者撮影.

「クロノバス」7路線（うち1路線は貸切輸送）（**写真1-3**），バス46路線（うち24路線は貸切輸送），空港アクセス路線，障がい者及びデマンド輸送，エルドル川及びロワール川の渡船，通学バス276区間（貸切輸送），通学バス38路線を担っており，年間2,810万 km を運行している（680万 km は貸切輸送，520万 km はトラム，90万 km は「バスウェイ」である）．年間1億3,610万回の輸送をおこなっており，このうちトラムが7,060万回，「バスウェイ」が950万回を占めている．トラムに関しては，毎日1号線で124,100人，2号線で93,300人，3号線で80,000人

を輸送している．定期券利用者は113,860人，定期外利用者は93,085人である[21]．

5　ナントのトラム建設の歴史からみる国の都市公共交通整備政策の効果

　ナントのトラム導入及びその展開を見ると，フランスの都市交通整備政策の影響を受けながら，財源や採算性を考慮しつつ，時代ごとに整備内容を巧みに変化させていることがわかる．

　上述のとおり，シェナール氏が1977年に市長に就任した際には，① 自動車を都市中心部から排除すること，及び，② 公共交通を発展させることを目標にして，従来のバスも選択肢に入れて，最適な交通手段を検討した．シェナール氏はインタビューで「バスでは限界があった．ナントは歴史的な街であったから，先行した街が採用したようなアメリカ風の（車社会の）街ではなく，（チューリッヒなど）ドイツ語圏スイス風の街にしなければならなかった．そのために優秀な専門家による調査研究を実施するとともに，すべてのナント市民を満足させるように，ナントのために働くすべての事業組合の会合を設け，決定や検討の一元化と実施の一元化を図った．」と述べているが[22]，財源についても慎重に検討していることがうかがえる．

　当時のVTの規定では，VT徴収可能な都市は原則人口30万人超のコミューンであった．ナント市の人口は25万人で，ナント単独では適用対象外であった．人口規模が引き下げになるのは1983年以降である．1974年からのVT導入とともに，ナント市も1975年に都市圏広域事業区域の対象となる組織としてSITPANを設け，区域として30万人超の地区とし，とりあえず既存のバス路線を維持していくための財源を確保した．ここまでがシェナール氏の前任のモリス元市長（1965年〜77年在任）の成果である．この時期のVTの税率は最大1％にとどまっていた．

　シェナール氏の市長就任後にトラム建設計画を決定したが，その財源を確保するためにはVTの税率の引き上げが不可欠である．最大1.5％まで引き上げ可能であるが，そのための条件は「国の補助金が投入される公共交通インフラの実現」であった．補助金獲得交渉は難航したが，「カヴァイエ・コンクール」

では対象外の都市であったものの，対象都市の規模からすれば遜色がなく，他に手が挙がらなかった事情も踏まえ，補助金を受領できる見込みがあったものと思われる．それを見越して1980年時点で早々と入札を行い，1981年 2 月（ミッテラン大統領の就任は同年 5 月）に「公益事業宣言」を発し，トラム建設に着手している．この時点で補助金額がいくらか明確になっていなかったことが，VT 税率を当時の最高税率1.5％に引き上げることにつながり，結果的にその後のナント都市圏の公共交通整備，とくにトラムの新設や延伸を円滑に進めることにつながったと言える．また，イル・ド・フランス（Ile-de-France）地域圏と異なり，最初から運賃割引以外に公共交通投資に VT を充てられることが明記されていたことがトラム実現を可能にした．

　一方で2000年前後から進められた 4 号線の整備にあたっては，財源上，いろいろな問題が生じた． 4 号線の終点ヴェルトゥ（Vertou）は政治的に右派が強いコミューンであったことが，サン・テルブランやルゼ（Rezé）に比べるとトラム建設計画を遅れさせる要因であったのではないかと考えられるが，その頃になると EU の財政規律要求の厳格化と，フランス国の財政状況の悪化で，国からの補助金の支出が困難になってくる．最終的に2004年から国からの建設補助金の支出が止められてしまった．沿線に大学や病院等の大量利用者が見込める施設がないため需要面での不安があることも鑑みると，トラムと同程度のサービス水準を保ちつつもトラムより安価な交通手段が必要ということで，BRT である「バスウェイ」を建設した．線路の上を走っていないことを除けば，トラムも「バスウェイ」も何ら変わらないサービス水準が確保されており，市民の評判も上々であった．その結果，整備後10年余りで輸送力不足を呈し（開業翌年の2007年には 1 日あたり23,600人の利用者が2017年には40,200人に増加している），18 m 車両から24 m 車両に入れ替える必要に迫られている（2019年 9 月実施予定）．

　ナント都市圏に含まれている沿線のヴェルトゥ及びサン＝セバスティアン＝シュル＝ロワール（Saint-Sébastien-sur-Loire）の人口規模（各約 3 万人）を考慮すると，「バスウェイ」は，2011年以降の VT の税率の 1 区分となる「専用敷（site propre）の公共交通インフラの実現を決定している人口 5 万～10万人のコミューン又は公機関」の基準に合致する人口規模，交通手段であることが見て取れる．

　最後に「観光コミューン」について触れておく．ナント都市圏もナント市が「観光コミューン」に認定されていることから，VT税率をさらに0.2％引き上げ可能となっている．2010年よりこの制度が設けられたが，ナント都市圏もNante Métropoleの2011年4月11日の議決に基づき，2011年7月1日からVTを1.8％から2.0％に引き上げた．これにより，年間1,200万ユーロの増収となることが予測されている（このことからナント都市圏のVT収入は約1.2億ユーロ，日本円換算で約160億円であることがわかる）．この増収により，2011年の委託料8,800万ユーロ，公共交通投資額5,600万ユーロの一部に充てることが可能になるとしている[23)]．このことから運賃割引の原資となる委託料を優先的に支出し，残額に独自予算を加えて公共交通投資を実施していることが読み取れる．

　以上のように，ナント市，ナント都市圏はフランスで最初にトラムを導入（路面電車を再導入）した都市であると同時に，その後のフランスの都市公共交通政策の発展に大きな影響を及ぼした．さらに，ナントの公共交通の変遷は，フランスの都市公共交通政策を映す鏡となっていることがうかがえる．

注

1 ）　三角貿易では，ナントに新大陸やカリブの島々から砂糖やたばこの葉などが移入された．

2 ）　Chénard（2011），pp. 34-35.

3 ）　1982年に「交通基本法」（LOTI: Loi d'Orientation des Transports Intérieurs）を制定したほか，1981年のTGV開業時の運輸大臣で，SNCFの改革にも力を尽くした．

4 ）　1977年のサン・テルブラン市の市長選では新社会党のエロー氏が右派の共和国連合のショティ氏を破って市長に当選した．エロー氏は1989年までサン・テルブラン市長を務め，1989年のナント市長選に左派の代表として立候補し，当選．ショティ氏に代わった．

5 ）　Lange（2010），p. 55.

6 ）　Lange（2010），p. 55.

7 ）　Chénard（2011），pp. 34-35.

8 ）　https://jp.ambafrance.org/article2414

9 ）　このグループは（旧）社会党員だが新社会党に移行しなかった元市長のモリス氏に近いメンバーであり，同じ左派でもシェナール氏と対立していた．

10）　1983年2月の地方紙を見ると，中傷合戦をめぐる問題が連日とり上げられている．

11）　フランスでは1905年に国家と宗教の分離が図られた．私立学校に対しても補助金が支出されていたが，その多くはカトリック系の学校であることから，公教育の充実に併せて，補助金を増額すべきか，削減すべきかが大きな問題となった．

12）　1983年 3 月 8 日付「Ouest France」紙の記事「Les quatre raisons du changement」による.

13）　1989年 3 月10日付「Ouest France」紙の記事「Jean-Marc Ayrault: Un micro-trottoir au coeur du vieux Nantes」による.

14）　1989年 3 月13日付「Ouest France」紙の記事「Place Graslin, Les longues heures d'une défaite」による.

15）　1989年 3 月13日付「Ouest France」紙の記事「Place Royale《Une ville qui se fait désirer》」による.

16）　1989年 3 月13日付「Press Ocean」紙の記事「Jean-Marc Ayrault:《Un succès inespéré》」による.

17）　1989年 3 月14日付「Ouest France」紙の記事「L'agglomération naintaise, La gauche reprend les rênes du Grand Nantes」による.

18）　https://semitan.tan.fr/fr/menu/semitan/une-entreprise-locale/le-developpement-du-tramway/

19）　https://semitan.tan.fr/fr/menu/semitan/une-entreprise-locale/le-busway-a-la-nantaise/

20）　https://semitan.tan.fr/fr/menu/semitan/une-entreprise-locale/le-statut/

21）　https://semitan.tan.fr/fr/menu/semitan/une-entreprise-locale/les-chiffres-cles/

22）　中央大学提供ウェブ番組「知の回廊」No. 110「まちづくり，環境対策と LRT」.

23）　Nante Métropole の2011年 4 月11日の議事録による.

第2章 フランスにおける都市公共交通の導入状況

1 欧州におけるトラムの導入状況

　都市内の公共交通機関として，トラムを導入している欧州の都市は数多い．欧州の主要国におけるトラムの導入状況を概観すると，ドイツでの普及度合いが圧倒的に高い（表2-1）．国土が広く，人口が多いことも一因だが，総路線長は3,800 km を越えており，ベルリン（Berlin），ケルン（Köln），フランクフルト（Frankfurt am Main），ライプツィヒ（Leipzig），デュッセルドルフ（Düsseldorf）など100 km 以上のネットワークを維持する都市も存在する．1950年代，60年代に路線を廃止した都市も多いが，19世紀末から20世紀初頭にかけて整備された路線を改修，近代化しながら利用している都市が50都市以上も存在する．1980年代半ば以降に大規模な廃止は行われておらず，シュットゥットガルト（Stuttgart）（1985年）やビーレフェルト（Bielefeld）（1991年），ザールブリュッケン（Saarbrücken）（1997年）のように新たにトラムを整備した都市も存在する．

　一方，フランスや英国では，路線ネットワークは小規模であり，1都市あたりの路線長も比較的短く，最も路線長が長いストラスブール（Strasbourg）でも56 km にとどまる．さらに90年代以降に新たにトラムを整備した都市が大部分を占める．フランスや英国でも，かつては多くの都市でトラムが存在していたが，大部分はモータリゼーションの進展と共に廃止され，1980年当時，フランスでトラムが存続していた都市はマルセイユ（Marseille），リール（Lille），サンテチエンヌ（Saint-Étienne）の3都市であった．英国においても，1992年にマンチェスター（Manchester）でトラムが導入されるまでは，アイリッシュ海に面した保養地であるブラックプール（Blackpool）に存続するのみであった．[1]

表2-1　トラムが存在する欧州の都市数と路線長

	1985	1990	1995	2000	2005	2010	路線長：km
フランス	4	5	8	11	11	19	457
ドイツ	50	50	51	53	53	53	3848
イギリス	1	1	3	5	6	6	150

注：フランスは TVR なども含む数値．イギリスの LRT の統計値には，日本の新交通
　　システムや地下鉄に相当するモードも含まれるが，表ではそれらを除いている．
出典：CERTU（フランス），VDV（ドイツ），DfT（イギリス）の統計より筆者作成．

2　フランスの都市内交通における歴史的状況

　John P. McKay（1976）や青木（2012）を参考にフランスにおける都市内交通の歴史を述べると，大まかに17世紀からの馬車時代，19世紀の乗合馬車や鉄道馬車の導入，20世紀初頭からの路面電車時代，第二次大戦後のバスの時代と近年のトラム復活に分けられる．フランスで都市内輸送手段として大型馬車（coach）が登場したのは，1550年のパリにおける 3 台であるが，18世紀初頭には約12,000台へと増加した．ただし，都市内の定期路線で規定料金を支払い利用する「公共」交通機関の登場は，19世紀になってからである．1826年にナント（Nantes）で退役軍人のボードリー（Stanislas BAUDRY）氏が中心部と郊外の公衆浴場を結ぶ乗合馬車の運行を始め，[2]1830年代から40年代にかけて，乗合馬車は各都市に広がった．ただしフランスを含めヨーロッパの諸都市では，城壁の存在や，工場やターミナル周辺への人口集中，当時の馬車の低い輸送能力や安全性の問題ゆえに，19世紀後半に都市の拡大に伴い中心部と郊外を結ぶ路線の需要が高まるまで，都市内公共交通機関の必要性は低かった．また，1832年にフランス初の鉄道がサンテチエンヌ〜リヨン（Lyon）間に開業したが，初期の鉄道は主として長距離輸送の手段であり，都市内交通への影響は限られていた．

　1832年，ニューヨーク・ハーレム鉄道が世界初となる鉄道馬車を開業した．フランスにおける鉄道馬車は，1853年のパリ（Paris）が最初である．1870年代に入るとル・アーブル（Le Havre），マルセイユ，ナンシー（Nancy），オルレアン（Orléans），トゥール（Tours）などの諸都市で鉄道馬車が敷設され，20世紀

になると鉄道馬車から路面電車へ転換がなされた．フランスの路面電車網は1900年の2,868 km から1930年代には3,400 km へ延長され，都市の拡大を反映して主要都市の多くで，輸送手段として大きな役割を担った．同時に1930年代には自動車が普及し始め，この流れは第二次世界大戦後のモータリゼーションの進行により加速した．都市内公共交通は乗合バスが大きな役割を担うようになった．路面電車の多くは1960年代までに廃止され，1970年の路線長は33 km に減少した．ナントの路面電車も1958年に廃止されている．80年代半ばまでは，路面電車の存在する都市はリール，マルセイユ，サンテチエンヌの3都市のみとなり，パリなど一部都市を除くと，近年まで乗合バスが都市内交通の主役であった．

3　フランスの都市内交通の現況

フランスにおいては，パリ市を中心とする首都地域であるイル・ド・フランス（Île-de-France）地域圏と地方都市では，都市内交通に対する法制度や運行システムが異なる．イル・ド・フランス地域圏は，214 km の地下鉄路線と65.4 km のトラム路線がパリ交通公団（RATP: Régie Autonome des Transports Parisiens）により運営されているほか，5路線587 km の近郊電車網（RER: Réseau express régional d'Île-de-France）や1,286 km におよぶフランス国鉄（SNCF: Société Nationale des Chemins de fer Français）路線が運行されている[3]．この他，多数の民間企業がバス路線（路線長3,861 km）の運行を受託し，運営している．

トラムが導入されている都市交通圏は，地下鉄や VAL（Véhicule Automatique Léger）と共に導入されている諸都市の他，ボルドー，ナント，ルアン（Rouen），ストラスブールなど，前述の大都市圏に次ぐ人口規模のところが多い（表2-2）．フランスのトラムは，前述のリール，マルセイユ，サンテチエンヌの3都市を除き，1985年以降に新規で導入されたものである．85年のナントでの導入を皮切りに，87年に導入されたグルノーブル（Grenoble）や94年に導入されたルアン，そしてストラスブール（写真2-1）（1994年開業）の成功を経て，モンペリエやリヨン，ボルドー（写真2-2）などフランス各地で一気に導入が進んだ．路面電車が存続した3都市についても，ほぼ同時期に低床車両の導入や施

表2-2　フランスの主要 PTU（都市交通圏）と軌道系交通機関（2012年）

都市圏	PTU 自治体数	PTU 人口	TCSP 導入状況（路線数，路線長，利用者数は2012年）				
			種別	導入年	路線数	路線長 (km)	利用者数 (千人)
リヨン	58	1,313,868	地下鉄	1978	4	30	195,683
			トラム	2001	5	56	65,031
リール	85	1,129,080	VAL	1983	2	45	102,903
			トラム	1994＊	2	22	9,692
マルセイユ	18	1,052,127	地下鉄	1978	2	22	76,805
			トラム	2007＊	2	12	16,738
トゥールーズ	99	923,628	VAL	2007＊	2	27	108,049
			トラム	2010	1	11	4,984
ボルドー	27	721,744	トラム	2009	3	44	73,670
ナント	24	603,757	トラム	1985	3	42	65,514
			BHNS	2006	5	17	10,309
ランス（Lens）	115	600,447	—	—	—	—	—
ニース	46	537,998	トラム	2007	1	9	28,848
ルアン	70	495,713	トラム	1994	2	18	15,109
			BHNS	2001	3	38	14,409
ストラスブール	28	475,634	トラム	1994	6	56	68,706
トゥーロン	12	430,155	—	—	—	—	—
モンペリエ	31	423,842	トラム	2000	4	62	51,690
レンヌ	38	413,998	VAL	2002	1	9	31,938
グルノーブル	28	405,664	トラム	1987	4	34	44,738
サンテチエンヌ	43	381,405	トラム	1983＊	3	21	20,945
エクサン・プロバンス	34	363,712	—	—	—	—	—
バランシェンヌ	75	347,557	トラム	2010	1	18	6,413
トゥール	25	305,140	—	—	—	—	—
クレルモンフェラン	22	290,104	ゴムタイヤトラム	2006	1	14	14,589
			BHNS	2012	1	6	n.a
オルレアン	22	280,584	トラム	2000	2	29	15,213
アンジェ	33	273,680	トラム	2011	1	12	8,052
ナンシー	20	262,638	TVR	2000	1	10	9,957
ペルピニャン	36	257,733	—	—	—	—	—

ミュールーズ	32	255,031	トラム	2006	3	18	14,235
ディジョン	22	250,044	トラム	2012	2	19	3,943
ル・アブール	17	243,377	トラム	2012	2	17	n.a
ニーム	27	238,473	BHNS	2012	1	8	n.a
メス	40	223,719	―	―	―	―	―
ナンシー郊外	17	222,801	―	―	―	―	―
カン	29	221,878	TVR	2002	1	16	12,301
バランス	39	218,159	―	―	―	―	―
ブレスト	8	213,489	トラム	2012	1	14	6,242
サンポール・ドゥ・ラ・レユニオン	5	212,788	―	―	―	―	―
ランス（Reims）	6	212,192	トラム	2011	2	20	13,856
リモージュ	18	203,732	―	―	―	―	―
ダンケルク	17	201,401	―	―	―	―	―
ドーエー	46	196,060	BHNS	2010	1	10	1,168
ル・マン	9	188,636	トラム	2007	1	15	13,727
ラ・ロッシェル	18	151,707	BHNS	2012	1	8	1,515
サンナゼール	10	121,777	BHNS	2012	1	17	n.a
シャロン・シュル・ソーヌ	39	109,304	BHNS	2012	1	6	n.a

注1）サンテチエンヌ，リール，マルセイユのトラム導入年は改修年.
注2）クレルモンフェランのトランスロールは，ゴムタイヤトラムと表記．またフランスでは BHNS に TVR
　　が含まれるが，表では分けている.
出典：CERTU（2013）より筆者作成.

トラムを導入した都市

写真2-1　ストラスブール
斬新なデザインの車両と都市のランドマークとしての役割を持つ停留所.
　出典:筆者撮影.

写真2-2　ボルドー(架線レス・トラム)
中心部の景観に配慮して架線レス・トラムが導入された.
出典:筆者撮影.

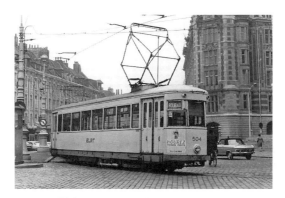

写真2－3　リール（改修前：1968年）

出典：青木栄一撮影.

写真2－4　リール（改修後）

1994年に旧来型の路面電車から施設や車両の更新が行われた.

出典：筆者撮影.

設の更新など，近代化が実施された[4]（**写真 2 - 3**，**写真 2 - 4**）.

　イル・ド・フランス地域圏以外の地方都市（人口20万人以上の PTU ［Périmètre des Transports Urbains，都市交通圏］）における公共交通機関の導入状況を概観すると，都市規模に応じて，人口100万人前後の大都市で地下鉄（日本の新交通システムに類似する VAL ［Véhicule Automatique Léger］を含む），25万人程度までの都市交通圏でトラムが導入される傾向にある．例えば，大量輸送機関である地下鉄や VAL が導入されている都市圏は，リヨン，リール，マルセイユ，トゥールーズ（Toulouse）など，人口で上位を占める地域が多い．人口41万人の規模で VAL が導入されているレンヌ（Rennes）は，例外的存在である．トラムは，地下鉄や VAL が導入されている上記 4 都市圏の他，人口25万人程度までの都市圏の多くで導入されている．最も人口規模の少ない都市圏は，ル・マン（Le Mans）の18.9万人である．人口30万人程度までの都市圏では2000年代前半までに導入された都市圏が多い一方，人口20万人台の都市圏では2010年前後の導入事例が多い．人口20万人を下回る都市圏の多くは，BHNS（Bus à Haut Niveau de Service，高品質なバス・サービス）が導入される傾向にある.

　フランスでトラム導入が進んだ背景として，青木・湧口（2010）を参考に，いくつかの制度的要因を指摘する．第一は移民問題，若者問題をはじめとする都市問題への対応である．トラムは，郊外の公営住宅（HLM: Habitation à Loyer Modéré）に住む低所得層と中心部を結ぶ手段に位置づけられる．「国内交通基本法」（LOTI: Loi d'Orientation des Transports Intérieurs）に基づき，各都市で郊外問題の解決や都市再開発の手段としてトラムが導入された．第二に，「交通負担金」（VT: Versement Transport）制度や国からの補助金など，財政面での裏付けである．VT は，都市交通の整備および運営に充てる目的で，原則として11人以上の給与所得者を雇用する事業所に課される負担金である．トラムをはじめとする軌道系交通機関（TCSP）を整備することで上限税率が引き上げられる．さらに，その結果として都市交通整備を可能とする潤沢な税収が確保される点を指摘できる．第三に環境問題への関心の高まりと公共交通重視の姿勢，これは1996年制定のいわゆる「大気法」（LAURE 法：Loi n° 96-1236 du 30 décembre sur l'Air et l'Utilisation Rationnelle de l'Energie），さらに環境保全と持続的な交通に関する2009年の「グルネル法」（Lois Grenelle,「環境グルネル実施にかかる計画

に関する2009年8月3日の法律第2009-967号」）に結実している．第四にEUの経済統合の中で都市間競争が激しくなり，高速交通網の整備と合わせ，都市交通の見直しが必要になったことなどが挙げられる．

　軌道系交通機関への高い評価を背景に，地方選挙（1995年，2001年，2008年，2014年）が実施される直前に路線開業する例は多い．[5] 例えば2000年は55 km，2001年に30 km（12 kmはガイドウェイ・バス），2006年は73 km（10 kmはガイドウェイ・バス），2007年には76 km，2012年には42 km（38 kmはBHNS），2013年に158 km（134 kmはBHNS）が新たに開業した．2012年，2013年の開業は，比較的人口規模の小さい都市圏が多いこともあり，トラムよりBHNSの開業が目立つ．軌道系交通機関を計画中の都市や，既存路線の延長を計画している都市も依然として存在しているが，一方でトラム整備を取りやめる都市が出るなど，整備は近年，一段落してきている．

　さらにフランスでは，軌道系交通機関として，地下鉄，トラムと共に「TVR」（Transport sur Voie Réservée：「専用路を走行する乗り物」）などのガイドウェイ・バスも認められている．道路に設置されたガイドウェイに誘導されゴムタイヤ車両が走行するTVRは，2000年末にナンシーで開業したのが始まりである．その後，カン（Caen）（2002年11月に導入．2018年1月に廃止され，トラムに転換），クレルモンフェラン（Clermont-Ferrand）（トランスロール［Translohr］：2006年10月，2001年にCIVISが導入されたが廃止）でも導入された．輸送需要が相対的に小さい，人口20万人台の都市交通圏が多い．またルアン（トラムも導入）では，2001年2月に光学式ガイドウェイ・バス（CIVIS）が導入されている．トランスロールが採用されたイタリア・パドヴァ（Padova），中国・上海，コロンビア・メデジン（Medellín）の事例など例外も存在するが，TVRの導入は，大半がフランス国内に限定されており，フランス独自の交通モードと言える．

　2006年11月には，ナントでBHNSとして「バスウェイ」（Busway）が開業した．「バスウェイ」は従来のトラムとは異なり，バス車両をベースに専用レーンを走行する公共交通である．日本のBRT（Bus Rapid Transit）とほぼ同等の概念である．ナントでは，「バスウェイ」に加えて高品質なバス・サービスである「クロノバス」（Chronobus）も導入されるなど，高品質な公共交通サービスを提供するため，様々な取り組みが行われている．

4　トラム整備をめぐるフランスの制度的背景

　フランスの地方都市における公共交通ネットワークの整備内容やそれを支える制度の変遷を青木・湧口 (2012) をもとに，三段階に分けて述べていく．第一段階は，1970年代後半から2000年代前半の地方分権の流れのなかで，主に地下鉄や VAL，トラムなど高価な大量・中量輸送インフラが整備された時期である．第二段階は，2002年のユーロ導入に伴う財政制約のために国からの補助金給付が廃止され，都市圏独自の財源調達のなかでガイドウェイ・バスやBHNS などトラム以上に低コストで費用対効果の高い中量輸送インフラが導入された時期である．第三段階は，2009年の「グルネル法」以降，環境対策の観点から自動車利用者の公共交通への転換が求められるなかで，国からの補助金が復活し，トラムや BHNS が積極的に整備されるようになった時期である．国は，どの段階においても，分権化の潮流のなかで地方自治体が選択する公共交通のモードに直接介入しなかったが，VT 及び補助金という制度的枠組みの中で間接的に影響を行使してきた．

（1）第一段階

　第一段階のトラム整備の背景には複合的な要因が存在する．第一に，1970年代半ば以降，石油危機に伴う経済成長の鈍化の結果として顕在化した，旧植民地などからの移民問題や，経済成長期に郊外に次々と建設された移民を主な対象とした低所得者向け公営住宅（いわゆる「HLM」，直訳すると「廉価な家賃の住宅」）にかかわる郊外問題である．第二に，1970年代以降の地方分権化に向けた動きである．第三に，1970年代後半に，フランスの地方及び中央政界において，社会党，共産党など左派勢力が拡大した点である．ナントでトラムを復活させたシェナール（Alain CHENARD）市長（在任1977年～83年）も，ミッテラン（François Maurice Adrien Marie MITTERRAND）大統領（在任1981年～95年）も社会党員であった．1982年には，SNCF の法的地位の確定とともに，交通権の確立，地方分権化を図る LOTI が成立した．LOTI に基づき，各都市の郊外問題の解決や都市再開発の切り札としてトラムが導入された．地方都市の公共交通整備

のための自主財源である VT も，この時期に登場している．

（2）第二段階

　ナントでのトラム復活を含め，各都市のトラム導入にあたり VT と並んで重要な役割を演じてきた制度が国からの補助金であった．この国庫補助金が，ユーロ導入に伴う財政規律確保の観点から2004年度から廃止された．各都市圏は財政制約の下，トラムと同程度のサービス・レベルを有しつつ，より安価に導入，運営できる交通機関を模索するようになった．高価なトラムでなくとも，専用敷を走行する公共交通機関（TCSP: Transport Collectif en Site Propre）であれば同程度のサービス品質を保てるという発想の転換が行われた．軌道系公共交通機関を持つ都市においても，新路線を整備する際にナントの「バスウェイ」など新たな形態の TCSP が活用されることになった．

（3）第三段階

　2007年に開催された環境グルネル会議の結果を受けて，2009年に環境保全と持続的な交通に関する「グルネル法」が成立し，都市政策により一層環境重視の姿勢がとり入れられた．自動車交通から公共交通への転換が明確に打ち出され，TCSP の総延長を2008年の329 km から2020年に1,800 km に延ばすべく総額25億ユーロの国庫補助を行う方針が示された．「2009年財政法」（2008年12月27日の法律第2008-1425号）により，地方都市の公共交通整備への補助金が復活した．これを受け，持続的発展省（Ministère du Développement Durable）は補助対象プロジェクト（補助率20%）を公募し，2009年4月に36都市圏で50件のプロジェクト（計8億ユーロ）を，2011年2月に78件の計622 km のプロジェクト（計6億ユーロ）を選定した（表2-3）．

　この流れに沿って，2010年から VT 制度が見直されるとともに，法体系の

表2-3　国庫補助の対象として選定された地方都市圏の公共交通機関のプロジェクト

選定年	地下鉄	トラム	BHNS（バス）	その他
2009年	2件	215 km	150 km	ケーブルカー1件
2011年	2件，14 km	29件，152 km	45件，456 km	渡船2件

出典：青木，湧口（2012）.

簡素化と行政効率化を目的に，新たに「交通法典」(Code des Transports) が制定されることとなり，LOTI はこの法典の法律部分に組み入れられ，廃止された．この変化の背景には，従来のトラムに代表される軌道系インフラに加え，安価に同程度のサービス品質を確保できる TCSP が評価され，また輸出のための国家戦略と位置づけられたことが挙げられる．一方，VT に新たに盛り込まれた「観光」という要素は，通勤移動を前提とする受益者負担制度からの転換を図るものである．交流人口も含めた制度を受益者負担制度からの逸脱とみなすか否かについては両論の解釈ができるが，駐車や通行面で自家用交通を制限することにつながる公共交通ネットワークの整備に反対することが多かった商店にも，その顧客に都市訪問者が含まれるであろうという明示的な形でより深く VT にかかわらせることになったことは，大きな変革と言えよう．

注

1）イギリスではトラムを含む概念であるライトレール (light rail) に，日本の地下鉄に相当する Tyne and Wear Metro (1980年開業) や，新交通システムに相当する Docklands Light Rail (1987年開業) が含まれる．

2）郊外にある製粉工場の経営者であったボードリー氏は，廃熱を利用した公衆浴場の経営を試み，市内中心部の Place du Porte-aux-vin (現在の Place du Commerce) と浴場のある Rue de Richebourg (Rue de Richebourg は現存しており，浴場は現在の SNCF ナント駅そばにあった) を結ぶ16人乗りの乗合馬車を計画した．運行開始後，浴場利用と関係ない利用者の存在に気付いた彼は，これを事業として経営するようになり，これが都市内公共交通機関の始まりとされる．後に彼や息子により，パリやボルドー，リヨンでも乗合馬車が運行された．

3）Jane's Urban Transport Systems 2014-2015による．

4）サンテチエンヌでは1983年に，リールでは1994年に，マルセイユでは2007年に施設の改修，近代化が実施された．

5）CERTU (2007c) による．

第3章　フランスの「交通負担金」制度

1　フランスの特異な制度

　フランスの都市部における公共交通整備の財源に関して特徴的な制度は，「VT」と呼ばれる「交通負担金」(Versement Destiné aux Transports) の存在である．この制度は，公共交通の建設及び運営に充てられるために設けられた目的税であり，現行の規定では，都市部で11人以上の給与所得者の雇用主は，公益組織を除き，官・民，個人・法人を問わず支払わなければならないと規定されている．課税標準は「社会保障法典」(Code de la Sécurité Sociale) に定められた給与所得者及びそれに準ずる者の給与額で，税率はイル・ド・フランス地域圏 (région d'Ile-de-France 当初はパリ地域圏 [région parisien] と規定されていた) で最大2.95%，それ以外の地方都市で最大2%である．

　したがって，年間最低賃金14,356.00ユーロ (2018年1月現在) を基準に計算すると，その2%は287.12ユーロ，1ユーロ＝130円換算で37,326円である．それ故，課税対象の給与所得者が10万人いればVTの歳入は37.3億円となる．実際には最低賃金より高い賃金で働く給与所得者も多いので，最高税率が適用される人口30万人レベルの都市であればVTの歳入は100億円近い金額になると推計できる．このように運賃収入とは別に公共交通に充てられる歳入があることが，フランスの都市部における鉄道，トラム，バスなどの整備形態や運行形態，運賃水準に大きな影響を及ぼしていると言える．

　日本では都市交通整備のための目的税としては「事業所税」と「都市計画税」が挙げられるが，課税標準も使途も大きく違っており，公共交通整備を前提とするVTとは対照的である．

　この章では，フランスのVTがどのような制度であり，歴史的にどのように変化してきたのかを紹介するとともに，その結果として整備される都市の公

共交通がどのように変化してきたのかを考察する．また，日本の「事業所税」
や「都市計画税」，かつての道路特定財源制度と比較した場合に，VT がどの
ようなメリットと課題を持つのかについても言及し，日本の都市交通政策にお
ける示唆を検討したい．なお，既往研究として，南（2012）が環境政策の観点
から VT の変遷をまとめたものがあり，制度全体を概観することができるが，
ここでは，地方都市の公共交通のモード選択という観点から整理していきた
い．

2　現行の「交通負担金」（VT）制度

　第 3 節に詳述するように，フランスの VT 制度は1971年 7 月12日に制定さ
れ，1971年 9 月 1 日から実施された．VT は当初から，首都圏（パリ地域圏又は
イル・ド・フランス地域圏）とそれ以外の地方都市の二本立てとなっていた．当初
は個別法で規定され，パリ地域圏は1971年 7 月に制定された法律に基づき1971
年 9 月 1 日から，それ以外の大都市では1973年 7 月11日に制定された法律に基
づき1974年 1 月 1 日から導入された．その後，1977年に「コミューン法典」
（Code des Communes）に再編される際に，パリ地域圏の規定は第 L263-5条から
第 L263-9条に，それ以外の地方の規定は第 L233-58条から第 L233-69条に組
み入れられた．さらに，1996年に「コミューン法典」が「地方団体一般法典」
（CGCT: Code Général des Collectivités Territoriales）に再編される際に，イル・
ド・フランス地域圏の規定は第 L2531-2条から第 L2531-11条に，それ以外の
地方の規定は第 L2333-64条から第 L2333-75条に組み入れられた．

　両者の条文の内容を比較すると，以下の**表 3 - 1** のように整理できる．詳細
については，章末の参考資料に挙げた2019年 4 月末時点の各条文の全訳を参照
してもらいたい．

　VT の特徴は，ごく一部の例外を除き「都市部において11人以上の給与所得
者を雇用する雇用主が，支払い給与の最大2.95％を，建設及び運営の双方を含
む公共旅客交通整備のために支出する制度」であると言えよう．「9 人超」（10
人以上）というイメージが強いが，「11人以上」に変更されたのは2016年 1 月 1
日からで，1971年（イル・ド・フランス地域圏）又は1974年（イル・ド・フランス地域

表３-１　「交通負担金」（VT）制度——首都圏と地方都市との比較——

対象地域	イル・ド・フランス地域圏	イル・ド・フランス地域圏以外
導入日	1971年9月1日	1974年1月1日
導入時の法律	「パリ地域圏の公共交通負担金をパリ及び隣接県の雇用主に課すことに関する1971年7月12日の法律第71-559号」（注１）（注２）	「特定の自治体及び公施設法人に公共交通負担金制度を制定することを認める1973年7月11日の法律第73-640号」（注３）
現行規定	「地方団体一般法典」（CGCT）第 L2531-2条～第 L2531-11条	「地方団体一般法典」（CGCT）第 L2333-64条～第 L2333-75条
対象都市	• 第 L2531-2条 • パリ市 • オー・デュ・セーヌ県 • イル・ド・フランス地域圏でパリ都市圏に含まれるコミューン	• 第 L2333-64条 • 人口1万人を超えるコミューン又は都市共同体 • 人口1万人以下で観光地のコミューンを管轄地域内に含むコミューン又は都市共同体 • モビリティの組織化権限を持つコミューン間協力公施設法人が管轄する地域
課税主体	• 第 L2531-2条 • 11人以上の給与所得者を雇用する雇用主（官・民，個人・法人を問わず）	• 第 L2333-64条
課税客体，課税標準	• 第 L2531-3条 • 「社会保障法典」に規定される給与所得者及びそれに準ずる者の給与，給与額	• 第 L2333-65条
税率	• 第 L2531-4条 • 上限2.95%～1.6%	• 第 L2333-67条 • 上限2.0%～0.55%
税率決定者	• 第 L2531-4条 • イル・ド・フランス運輸機構（STIF）	• 第 L2333-66条（制度導入の決定） • 第 L2333-67条（税率の決定） • 市議会又は公施設法人における権限を持つ機関
割引	• 雇用者数増加（第 L2531-2条） • 対象地域拡大（第 L2531-6条） • 寮，送迎バス，従軍に伴う未利用（第 L2531-6条）	• 雇用者数増加（第 L2333-64条） • 対象地域拡大（第 L2333-67条） • 寮，送迎バス，従軍に伴う未利用（第 L2333-69条，第 L2333-70条）
使途	• 第 L2531-5条 • 定期公共交通の投資及び運営 • （共通）運賃政策の適用 • モビリティの組織化のための投資及び運営 • モード間での乗り換え施設の建設 • 公共交通と自転車との連携	• 第 L2333-68条 • 都市部及び非都市部の公共交通の投資及び運営 • モビリティ運営機構（AOM）管轄地域外から AOM の市街地への交通路確保のための公共交通の投資及び運営 • 公共自転車による乗り継ぎ改善事業
使途決定者	• 第 L2531-5条で決定（法定）	• モビリティ運営機構（AOM）
納付方法	➢ 第 L2531-6条 • 雇用主が社会保障及び家族手当の分担金を徴収する組織又は部局に支払う	➢ 第 L2333-69条

注１：Loi n°71-559 du 12 juillet 1971 relative à l'assujettissement de certaines employeurs de Paris et des départements limitrophes à un versement destiné aux transports en commun de la région parisienne.

注２：Loi n°75-580 du 5 juillet 1975 relative au versement destiné aux transports en commun et modifiant les lois n°71-559 du 12 juillet 1971 et n°73-640 du 11 juillet 1973 により修正（対象地域の拡大）.

注３：Loi n°73-640 du 11 juillet 1973 autorisant certaines communes et établissements publics à instituer un versement destiné aux transports en commun.

出典：筆者作成.

圏以外）の創設時から2015年末まで「9人超」（10人以上）が対象であった．VT
の対象都市は創設から徐々に拡大してきた．当初はパリ市及び隣接県，並びに
人口30万人超の都市に限定されていたが，今日，イル・ド・フランス地域圏の
パリ都市圏（Unité Urbaine de Paris）に含まれる都市や人口1万人超のコミュー
ン（市町村）にまで拡大されている．また，対象都市も拡大すると同時に，都
市交通整備状況に応じて税率も変化してきた．

　使途も導入当初は，利用者，とくに通勤者のための公共交通の運賃の割引を
最大目的とし，イル・ド・フランス地域圏以外では，公共交通の改善（サービ
ス改善，延伸，新線建設など）も次なる目的としたが，現在では，交通弱者への対
応や環境対策の観点から，公共自転車や「相乗り」（Uber のような他人に乗せても
らうサービス［autopartage］や通勤での相乗り［covoiturage］の双方を含む）など，公
共交通以外にも使途が拡大している．割引制度を見ると，当初から職場内に宿
舎を設置する場合や送迎バスを出す場合には支払ったVT が払い戻される制
度が採用されており，雇用主が被雇用者の通勤交通費を負担しないことを前提
としたうえで，給与所得者の雇用の受益者である雇用主にそれに伴って発生す
る通勤交通の費用を一定程度負担させることが主眼に置かれていることがわかる．

　VT が制度的にどのように変化してきたのか，歴史的に大きな変化があった
対象都市，税率，使途の3つの観点から次節で詳細に分析していきたい．

3　「交通負担金」（VT）制度の変遷

（1）対象都市
① イル・ド・フランス地域圏

　イル・ド・フランス地域圏には，パリ市のほか，オー・デュ・セーヌ
（Hauts-de-Seine）県，セーヌ・サン・ドニ（Seine-St. Denis）県，ヴァル・デュ・
マルヌ（Val-de-Marne）県，エッソンヌ（Essonne）県，イヴリンヌ（Yvelines）
県，ヴァル・ド・ワーズ（Val-d'Oise）県，セーヌ・エ・マルヌ（Seine-et-
Marne）県が含まれるが，1971年のVT 創設時に対象になった地域はパリ市と
隣接するオー・デュ・セーヌ県，セーヌ・サン・ドニ県，ヴァル・デュ・マル
ヌ県の4市県であった．1975年からその外側のエッソンヌ県，イヴリンヌ県，

表3-2　「交通負担金」（VT）制度の対象都市の変遷——イル・ド・フランス地域圏——

期間	対象	出典
1971年9月1日〜1975年（月日不明）	パリ市，オー・デュ・セーヌ県，セーヌ・サン・ドニ県，ヴァル・デュ・マルヌ県	①
1975年（月日不明）〜1996年2月24日	パリ地域圏のパリ交通圏内	②
1996年2月24日〜1996年4月13日	イル・ド・フランス地域圏のパリ交通圏内	③
1996年5月1日〜2000年12月14日 ※　被雇用者数増加に伴う割引導入		
2000年12月14日〜2008年8月6日	イル・ド・フランス地域圏	
2008年8月6日〜2015年1月1日		
2015年1月1日〜2016年1月1日		
2016年1月1日〜		

出典：① Loi n°71-559 du 12 juillet 1971 relative à l'assujettissement de certaines employeurs de Paris et des départements limitrophes à un versement destiné aux transports en commun de la région parisienne.
② Loi n°75-580 du 5 juillet 1975 relative au versement destiné aux transports en commun et modifiant les lois n°71-559 du 12 juillet 1971 et n°73-640 du 11 juillet 1973.
③ Code général des collectivités territoriales - Article L. 2531-2.
出典）筆者作成.

ヴァル・ド・ワーズ県，セーヌ・エ・マルヌ県の4県にも対象が拡大する．2000年まではパリ交通圏内に限定されていたが，それ以降，イル・ド・フランス地域圏全体に拡大した（表3-2）．都心を貫いて郊外と郊外を結ぶRER（Réseau Express Régional d'Ile-de-France，近郊電車）網の拡大や，ターミナル駅発着のフランス国鉄（SNCF: Société Nationale des Chemins de fer Français）近郊路線網の再編と歩調を合わせていることが見て取れる．

② イル・ド・フランス地域圏以外

　一方，イル・ド・フランス地域圏以外の地方都市向けの制度に注目すると，時代とともにVT対象の都市規模が大都市から中小都市へと拡大してきた（表3-3）．1974年の創設時には人口30万人超の都市が対象であったが，1983年には3万人超，1992年には2万人超，2000年には1万人超に引き下げられたことに加え，単独の都市を対象とするのではなく，事業組合等の形で複数の自治体で運営する場合にはそれを下回る人口の都市も対象に加えられるようになった．さらに，2010年以降は「観光コミューン」という分類を設け，人口1万人未満

の自治体であっても観光コミューンと認定されれば VT を導入できるように
なった.

　この変化は，もともと通勤交通を対象とした制度が観光交通をも包含するよ
うになったという対象の変化という側面で捉えることができる一方，地方都市
ではモータリゼーションとともに公共交通離れが進んでおり，通勤交通だけに
限定することが困難になったと解釈することもできるかもしれない. 公共交通
の利用客が減少する中で，非利用客から財源調達する形でネットワークを維持
するための手段であると同時に，観光地も含め，市街地の局地的，一時的な混
雑対策上，受益者となり得る居住者全員から受益者負担の原則に基づいて費用
負担を求める制度に転換したと評価できるだろう.

（2）税　率
① イル・ド・フランス地域圏

　1971年の導入当初は対象地域一律の税率であったが，1975年に対象地域が拡
大すると，新たな対象地域の税率は低く抑えられた. これは主として，パリ市
内もしくは郊外に居住しパリへ通勤する者を対象とした政策に対する課税であ
ることに加え，事業所課税であることから，受益者負担の原則に基づき，パリ
市や隣接する 3 県の税率が高くなることは理にかなっている. 1988年以降，創
設当初からの地域を 2 区分し，パリ市とその南西隣のオー・デュ・セーヌ県の
税率を上げる一方，北隣のセーヌ・サン・ドニ県と南東隣のヴァル・デュ・マ
ルヌ県の税率を下げ，3 区分化した. 背景として，1980年代，90年代にパリ西
隣のラ・デファンス（La Défense）地区（オー・デュ・セーヌ県）の開発が進み，
高層ビル群の建設に伴う大量のオフィスが供給されたこと，また，それに伴う
交通網整備も進んだことが挙げられよう. 一方，パリ市内の賃借料が高騰する
中で，パリ周辺部へのオフィス需要も増加するとともに，セーヌ川沿いの工場
群の再開発によるオフィス供給も増えてきた. このような状況を背景に，2012
年以降，従前の 3 区分を見直し，開発状況に応じた税率の区分を実施している.
2017年からは 4 区分化するとともに，2021年以降，パリ市とその隣接県と郊外
の 3 区分に戻すべく，従来，税率が低く抑えられてきた北隣のセーヌ・サン・
ドニ県と南東隣のヴァル・デュ・マルヌの税率を毎年少しずつ上げる方向に舵

表3-3　「交通負担金」(VT) 制度の対象都市の変遷――イル・ド・フランス地域圏以外――

期間	対象	出典
1974年1月1日～1977年3月20日	• 30万人超のコミューン又は都市共同体，ただし，デクレで下限を下げることが可能	①
1977年3月20日～1983年7月1日	• 複数コミューンの合計人口が30万人以下だが，これらが都市圏広域事業区域（district）内又は都市交通事業組合の管轄地域内に含まれる場合	②
1983年7月1日～1992年2月8日	• 3万人超のコミューン又は都市共同体 • 複数コミューンの合計人口が3万人以下だが，これらが都市圏広域事業区域（district）内又は都市交通事業組合の管轄地域内に含まれる場合	
1992年2月8日～1996年2月24日	• 2万人超のコミューン又は都市共同体 • 複数コミューンの合計人口が2万人以下だが，都市交通の組織化権限を持つコミューン連合体の管轄地域内に含まれる場合	
1996年2月24日～1996年4月13日	• 2万人超のコミューン又は都市共同体 • 複数コミューンの合計人口が2万人以下だが，都市交通の組織化権限を持つコミューン間協力公施設法人の管轄地域内に含まれる場合	③
1996年5月1日～2000年12月14日 ※被雇用者数増加に伴う割引導入		
2000年12月14日～2008年8月6日	• 1万人超のコミューン又は都市共同体 • 複数コミューンの合計人口が1万人以下だが，都市交通の組織化権限を持つコミューン間協力公施設法人の管轄地域内に含まれる場合	
2008年8月6日～2010年7月14日		
2010年7月14日～2014年11月8日	• 1万人超のコミューン又は都市共同体 • 人口が1万人以下だが，観光コミューンと分類される1ないし複数のコミューンを含むコミューン又は都市共同体 • 複数コミューンの合計人口が1万人以下だが，都市交通の組織化権限を持つコミューン間協力公施設法人の管轄地域内に含まれる場合	
2014年11月8日～2015年1月1日	• 1万人超のコミューン又は都市共同体 • 人口が1万人以下だが，観光コミューンと分類される1ないし複数のコミューンを含むコミューン又は都市共同体	
2015年1月1日～2015年8月9日	• 複数コミューンの合計人口が1万人以下だが，都市交通の組織化権限を持つコミューン間協力公施設法人の管轄地域内に含まれる場合 • 都市圏及びリヨン都市圏の管轄区域	
2015年8月9日～2016年1月1日	• 1万人超のコミューン又は都市共同体 • 人口が1万人以下だが，観光コミューンと分類される1ないし複数のコミューンを含むコミューン又は都市共同体	
2016年1月1日～ ※被雇用者数が11人以上に変更	• 複数コミューンの合計人口が1万人以下だが，モビリティの組織化権限を持つコミューン間協力公施設法人の管轄地域内に含まれる場合 • 都市圏及びリヨン都市圏の管轄区域	

① Loi n°73-640 du 11 juillet 1973 autorisant certaines communes et établissements publics à instituer un versement destiné aux transports en commun.
② Code des communes - Article L. 233-58.
③ Code général des collectivités territoriales - Article L. 2333-64.
出典：筆者作成.

表3-4 「交通負担金」（VT）の税率の変遷——イル・ド・フランス地域圏——

(%)

	パリ市，オー・デュ・セーヌ県	セーヌ・サン・ドニ県，ヴァル・デュ・マルヌ県	エッソンヌ県，イヴリンヌ県，ヴァル・ド・ワーズ県，セーヌ・エ・マルヌ県
1971年9月1日～		2	対象外
1975年7月5日～		2	1.5
1977年3月20日～		2	1.5
1988年12月30日～	2.2	1.8	1.5
1991年7月19日～	2.4	1.8	1.5
1992年12月31日～	2.2	1.6	1.3
1995年12月31日～	2.5	1.6	1.3
2003年12月31日～	2.6	1.7	1.4

(%)

	パリ市 オー・デュ・セーヌ県	パリ市，オー・デュ・セーヌ県以外の指定コミューン	イル・ド・フランス地域圏のその他のコミューン
2012年3月24日～	2.6	1.7	1.4
2013年1月1日～	2.7	1.8	1.5
2014年12月30日～	2.85	1.91	1.5

(%)

	パリ市 オー・デュ・セーヌ県	セーヌ・サン・ドニ県，ヴァル・デュ・マルヌ県のコミューン	パリ市，オー・デュ・セーヌ県，セーヌ・サン・ドニ県，ヴァル・デュ・マルヌ県以外の指定コミューン	イル・ド・フランス地域圏のその他のコミューン
2017年1月1日～	2.95	2.12	2.01	1.6
2018年1月1日～	2.95	2017年：2.12 2018年：2.33 2019年：2.54 2020年：2.74 2021年～：2.95	2.01	1.6

出典：筆者作成.

を切った（表3-4）．

② イル・ド・フランス地域圏以外

　イル・ド・フランス地域圏以外では，表3-5に示すとおり，導入当初，人

口30万人超が課税対象であったが，イル・ド・フランス地域圏と異なり，通勤
交通費の割引に対する補填のみならず，公共交通インフラの投資も使途に含ま
れていたことから，上限税率はインフラ投資を行う都市とそれ以外で最初から
差をつけている．1970年代前半の段階では，モータリゼーションが進む中で，
多くの地方都市から路面電車に代表される軌道系交通機関がなくなり，主にバ
スでの輸送に頼っていたため，輸送費が抑えられる観点から，パリ市やその周
辺に比べ低い上限税率が設定されている．その一方で，渋滞対策として新たな
中量輸送手段が必要であると考えられ始めていた時代で，1975年には当時の運
輸大臣であったカヴァイエ（Marcel CAVAILLE）氏により，「カヴァイエ・コン
クール」（Concour Cavaillé）と呼ばれる主要8都市への中量輸送手段の再導入を
目的とした企画提案が募集されることになった．ここでは日本の新交通システ
ムに相当する VAL（Véhicule Automatique Léger）やトラムが想定されていた．
その点も鉄道中心のパリ市やその周辺に比べ低い上限税率が設定されている理
由として挙げられるであろう．

　1983年以降，対象都市が人口3万人超，2万人超，1万人超と引き下げられ
る中で，人口10万人を基準に，上限税率を0.5％〜0.55％の低い率と1.0％〜
1.05％の高い率に2分化するとともに，人口10万人超の都市に関して新たな公
共交通インフラを導入する場合に上限税率を0.5％〜0.75％上乗せする措置を
講じている．そのような政策の中で，1980年代後半以降，概ね人口30万人を超
える都市では，地下鉄，トラム，VAL などの軌道系インフラや専用敷を走行
するバス（「BHNS」[Bus à Haut Niveau de Service，高品質なバス・サービス]）など
が導入，整備された．この間，EU の財政赤字に関する規定遵守のために，
2004年から公共交通インフラ整備への国の補助金投入ができなくなったことか
ら，文言が変化している．国からの補助金の廃止により地方都市の事業実施の
担保がなくなることから，新たな公共交通インフラの導入を決定しても市長や
議会が政権交代する中で決定が覆される可能性は否定できない．しかし，いっ
たん VT の税率を上げれば，整備費や運営費の確保が容易になることから，
税率を下げるインセンティブは働かない．インフラ投資に対する担保とするた
めに，「増税後5年以内に工事が開始されない場合には6年目からは上限税率
は1％に戻される」という文言が入っている．

　2011年以降，人口5～10万人規模の都市でも都市交通運営機構（AOTU: Autorité Organisatrice de Transport Urbain）が専用敷（site propre）の公共交通インフラの実現を決定している場合には，上限税率を0.85％まで上げられるしくみが導入された．注意が必要な点は，10万人超の都市では「道路式又は誘導式」（mode routier ou guidé）が条件になっているのに対し，5～10万人の都市では専用敷の公共交通インフラ，フランスでは一般的に「TCSP」（Transport en Commun en Site Propre）呼ばれるものが条件になっている点である．TCSPには地下鉄やトラム，VAL も含まれるが，TCSP は主にバス，特に BHNS が念頭に置かれている．地下鉄やトラム，VAL では専用の走行路設備に加え，専用車両が必要になるため，設備投資額が膨らむ．それに対し，BHNS ではバス専用レーンとすれば，鉄軌道のような走行路設備も専用車両も必要としないことから，設備投資額を抑えることができる．実際には，停留所での段差や隙間を緩和するために停留所部分のホームの側壁に工夫を凝らすなどの措置やロータリーの中心を貫く直進路を整備するなどの措置がとられていることも多いが，それでも鉄軌道に比べ走行路設備は大幅に安価に導入できる．その意味で，この上限税率体系には，人口が少ない都市でも規模に見合った高品質な公共交通の整備を進められるしくみが内包されていると評価できるであろう．

　税率の変遷を見ると，このほかにもいくつかの特徴が挙げられる．

　一つは，公共交通ネットワーク整備の効率性を追求している点である．フランスの基礎自治体であるコミューンは日本の市町村と比べると小規模であり，人口規模が数百人から数千人のコミューンが多い．バラバラに整備を進めても効率が悪いことに加え，実態として地域の中心市街地に出かけるコミューン間移動が多くなることから，複数のコミューンが組合を作り，生活圏単位の公共交通ネットワークを実現する方が，利便性が高い．コミューン間の組織化を図るべく，上限税率面での優遇措置を最初から盛り込んでいる．

　もう一つは，2010年以降，都市の規模にかかわらず，「観光コミューン」についての特例が追加され，上限税率面でも優遇されるようになった．環境面からも観光地におけるパーク＆ライドを促す効果を意図していると言えよう．

表3-5　「交通負担金」（VT）の税率の変遷——イル・ド・フランス地域圏以外——

	人口3万～10万人のコミューン又は公機関	標準上限税率（コミューン又は公機関の人口）	国の補助金が投入される公共交通インフラの実現をコミューン又は公機関が決定している場合
1974年1月1日～	規定なし	1%（30万人超#）	1.5%（30万人超#）
1977年3月20日～	規定なし	1%（30万人超*）	1.5%（30万人超*）
1983年7月1日～	0.5%	1%（10万人超*）	1.5%（10万人超*）
1988年12月30日～	0.5%	1%（10万人超*）	1.75%（10万人超*）

#：コミューン，都市共同体（communauté urbaine），都市圏広域事業区域（district）又は地方自治体組合（syndicat de collectivités locales）.
*：コミューン，都市共同体（communauté urbaine），都市圏広域事業区域（district）又はコミューン組合（syndicat de communes）.

	人口2万～10万人のコミューン又は公機関	人口10万人超のコミューン又は公機関	国の補助金が投入される公共交通インフラの実現を決定している人口10万人超のコミューン又は公機関
1992年2月8日～	0.55%#	1.05%#	1.80%#
1992年12月31日～	0.55%#	1.00%#	1.75%#
1999年7月13日～	0.55%*	1.00%*	1.75%*

#：コミューン共同体（communauté de communes），市共同体（communauté de villes），都市共同体（communauté urbaine），これらの共同体が加入するAOTU（都市交通運営機構）は上記上限税率＋0.05%の上限税率が適用される.
*：コミューン共同体（communauté de communes），市街地共同体（communauté d'aggromération），都市共同体（communauté urbaine），これらの共同体が加入するAOTU（都市交通運営機構）は上記上限税率＋0.05%の上限税率が適用される.

	人口1万～10万人のコミューン又は公機関	人口10万人超のコミューン又は公機関	国の補助金が投入される公共交通インフラの実現を決定している人口10万人超のコミューン又は公機関
2000年12月14日～	0.55%	1.05%	1.80%
2002年2月28日～	0.55%*	1.00%*	1.75%*
2002年12月14日～	0.55%*#	1.00%*#	1.75%*#

✓　コミューン共同体（communauté de communes），市街区共同体（communauté d'aggromération），都市共同体（communauté urbaine），これらの共同体が加入するAOTUは上記上限税率＋0.05%の上限税率が適用される.
*：都市交通圏の拡大に伴う新編入地域では，編入日から最大5年間上限税率が軽減される.
#：コミューン間協力公施設法人（établissement public de coopération intercommunale）への移行に伴う都市交通圏への編入コミューンにも編入日から最大5年間上限税率が軽減される.

	人口1万～10万人のコミューン又は公機関	人口10万人超のコミューン又は公機関	AOTUが道路式又は誘導式（mode routier ou guidé）の公共交通インフラの実現を決定している人口10万人超のコミューン又は協力公施設法人（établissement public de coopération）（※）
2003年12月31日～	0.55%	1.00%	1.75%
2010年7月14日～（¥）	0.55%*	1.00%*	1.75%*

✓　コミューン共同体（communauté de communes），市街区共同体（communauté d'aggromération），都市共同体（communauté urbaine），これらの共同体が加入するAOTUは上記上限税率＋0.05%の上限税率が適用される.
✓　都市交通圏の拡大に伴う新編入地域及び増税地域では，編入日から最大5年間上限税率が軽減される. コミューン間協力公施設法人（établissement public de coopération intercommunale）への移行に伴う都市交通圏への編入コミューンにも編入日から最大5年間上限税率が軽減される.
※：増税後5年以内に工事が開始されない場合には6年目からは上限税率は1%に戻される. ただし，2004年1月1日より前に増税を決定した自治体に関しては，2004年1月1日から5年以内に工事が開始されない場合とする.
¥：2010年12月18日～は，上記上限税率＋0.05%の上限税率が都市圏（métropole）にも適用される.
*：観光コミューンと分類されるコミューンが1ないし複数含まれる場合には，上記上限税率＋0.2%の上限税率が適用される.

	人口1万～10万人のコミューン又は公機関	AOTU が専用敷(site propre)の公共交通インフラの実現を決定している人口5万～10万人のコミューン又は公機関($)	人口10万人超のコミューン又は公機関	AOTU が道路式又は誘導式(mode routier ou guidé)の公共交通インフラの実現を決定している人口10万人超のコミューン又は協力公機関(※)
2011年1月1日～	0.55%＊	0.85%＊	1.00%＊	1.75%＊

✓ コミューン共同体(communauté de communes),市街区共同体(communauté d'agglomération),都市共同体(communauté urbaine),都市圏(métropole),これらの共同体が加入するAOTUは上記上限税率＋0.05%の上限税率が適用される.
✓ 都市交通圏の拡大に伴う新編入地域及び増税地域では,編入日から最大6年間上限税率が軽減される. コミューン間協力公施設法人(établissement public de coopération intercommunale)への移行に伴う都市交通圏への編入コミューンにも編入日から最大5年間上限税率が軽減される.
$: 増税後5年以内に工事が開始されない場合には6年目からは上限税率は0.55%に戻される.
※: 増税後5年以内に工事が開始されない場合には6年目からは上限税率は1%に戻される. ただし,2004年1月1日より前に増税を決定した自治体に関しては,2004年1月1日から5年以内に工事が開始されない場合とする.
＊: 観光コミューンと分類されるコミューンが1ないし複数含まれる場合には,上記上限税率＋0.2%の上限税率が適用される.

	観光コミューンが含まれる人口1万人未満のコミューン又は公機関	人口1万～10万人のコミューン又は公機関	AOTU が専用敷(site propre)の公共交通インフラの実現を決定している人口5万～10万人のコミューン又は公機関($)	人口10万人超のコミューン又は公機関(¥)	AOTU が道路式又は誘導式(mode routier ou guidé)の公共交通インフラの実現を決定している人口10万人超のコミューン又は協力公機関(※¥)
2011年12月30日～	0.55%	0.55%＊	0.85%＊	1.00%＊	1.75%＊

✓ コミューン共同体(communauté de communes),市街区共同体(communauté d'agglomération),都市共同体(communauté urbaine),都市圏(métropole),これらの共同体が加入するAOTUは上記上限税率＋0.05%の上限税率が適用される.
✓ 2012年3月24日～,第 L. 5722-7-1条の規定の限りにおいてリヨン都市圏,及び,第 L. 5722-7-1条の第二段落の規定に基づくリヨン都市圏に代わる AOTU にも上記上限税率＋0.05%の上限税率が適用される.
✓ 都市交通圏の拡大に伴う新編入地域及び増税地域では,編入日から最大5年間上限税率が軽減される. コミューン間協力公施設法人(établissement public de coopération intercommunale)への移行に伴う都市交通圏への編入コミューンにも編入日から最大5年間上限税率が軽減される.
$: 増税後5年以内に工事が開始されない場合には6年目からは上限税率は0.55%に戻される.
※: 増税後5年以内に工事が開始されない場合には6年目からは上限税率は1%に戻される. ただし,2004年1月1日より前に増税を決定した自治体に関しては,2004年1月1日から5年以内に工事が開始されない場合とする.
¥: 2014年11月8日～,リヨン都市圏も対象に加わった.
＊: 観光コミューンと分類されるコミューンが1ないし複数含まれる場合には,上記上限税率＋0.2%の上限税率が適用される.
出典:筆者作成.

(3) 使 途

① イル・ド・フランス地域圏

　フランスでは,日本と異なり,雇用主が通勤費用を負担する制度は一般的ではない. そのため,ニュータウンが郊外に開発され,通勤距離が延びるにつれ,パリ中心部の事業所に通勤する給与所得者の通勤費負担が重くなる構造になる. 歴史的に見ると,「印象派」の絵画に描かれているように,19世紀に鉄道の発

展により最初に郊外に居を構えた人たちはブルジョワやプチブルと呼ばれるホワイトカラー労働者であった．しかし，第二次世界大戦後，とくに1950年代，60年代にアフリカやアジアの植民地が独立するとともに，これらの地域から帰国したフランス人に加え，これらの国々からの移民や難民が急増した．このような人々の居住地として開発された地区が郊外のニュータウンであった．したがって，これらの人々はかつての郊外居住者と異なり所得が低いことから，フランス社会の中に同化させるためには日々の移動を保証する必要があった．加えて，この時代，労働力が求められた自動車など重厚長大産業の工場は依然としてパリ近隣のセーヌ川沿いなどに立地していたから，通勤の必要性もあった．

　このような状況を背景に，1971年に導入されたVTでは雇用主に従業員の通勤費の一部を支払わせるという観点から使途は通勤運賃の割引に優先して充当されてきた．その意味合いが変化するのは2000年に入ってからである（表3-6）．

　現在，イル・ド・フランス地域圏で用いられているゾーン別均一運賃の定期券「Navigo」の前身にあたる「カルト・オランジュ」（Carte Orange）は1975年に登場した（2009年に廃止）が，事業者別の複雑な運賃体系から均一運賃制度への変更の動きが1968年頃から進んでおり，1971年から本格導入された．VTはそのための原資としても機能した可能性がある．均一運賃化に向けた動きは，1959年の「イル・ド・フランス地域圏における旅客交通の組織に関する1959年1月7日のオルドナンス第59-151号」（Ordonnance n° 59-151 du 7 janvier 1959 relative à l'organisation des transports de voyageurs en Ile de france）及び「パリ地域圏における旅客交通の組織に関する1959年1月7日のデクレ第59-157号」（Décret n° 59-157 du 7 janvier 1959 relatif à l'organisation des transports de voyageurs dans la région parisienne）の発出により既に始まっている．この時点でイル・ド・フランス地域圏の公共交通事業者による事業者組合が法的に結成され，運賃決定方法や費用負担原則が定められた．この中には，VTが意図する通勤交通のみならず，通学交通も含まれている．

　2000年に入ると，モード間の連携に加え，1995年の公共交通機関のストライキや環境対策を踏まえた自転車活用政策が強調されるようになり，2014年以降は，線的な公共交通ネットワーク維持の方策から面的な維持方策へと強化され

表 3-6 「交通負担金」（VT）の使途の変遷——イル・ド・フランス地域圏——

期間	使途
1971年9月1日〜 1996年2月24日	第4条第二段落の条項の限りにおいて，負担金は，パリ地域圏の公共交通企業がSTPによる補償の受給が認められていることを条件にこれらの交通の利用者である給与所得者（salariés）と合意した運賃割引の補償に優先的に充てられる．残金は上述の企業の設備投資のための予算に充てられる．
1996年2月24日〜 1998年7月3日	第L2531-7条の条項の限りにおいて，負担金は以下の財源に充てられる． 1° STPによる補償の受給を認められたパリ交通圏の公共交通企業によって実施される給与所得者（salariés）への運賃割引に対する全額補償 2° 集合交通（transports collectifs）に対する特定の投資 3° サービスの改善，再編，延長又は新規創出のためにSTPと交通企業との間で結ばれる可能性のある協約に規定された分担金
1998年7月3日〜 2000年12月14日	第L2531-7条の条項の限りにおいて，パリ交通圏内で実施される旅客の定期公共交通の投資及び運営のための費用の財源に充てられる．
2000年12月14日 〜2005年1月1日	第L2531-7条の条項の限りにおいて，パリ交通圏内で実施される旅客の定期公共交通の投資及び運営のための費用の財源に充てられる．また，STIFはこの負担金に起因する財源を以下の資金調達のために出資することができる． −「イル・ド・フランス地域圏における旅客交通の組織に関する1959年1月7日のオルドナンス第59-151号」第1条に記載された運賃政策を適用するための方策 − 付随的かつ機構と管理者との間で締結された協約の範囲内で，バス・ターミナル，トランジット・モール及び異なるモード間の乗換え拠点のような都市圏交通計画（PDU: Plan de Déplacements Urbains）に記載された交通のための構築物及び施設の開発費用
2005年1月1日〜 2014年1月29日	第L2531-7条の条項の限りにおいて，パリ交通圏内で実施される旅客の定期公共交通の投資及び運営のための費用の財源に充てられる．また，STIFはこの負担金に起因する財源を以下の資金調達のために出資することができる． −「イル・ド・フランス地域圏における旅客交通の組織に関する1959年1月7日のオルドナンス第59-151号」第1条に記載された運賃政策を適用するための方策 − 付随的かつ機構と管理者との間で締結された協約の範囲内で，バス・ターミナル，トランジット・モール及び異なるモード間の乗換え拠点のようなPDUに記載された交通のための構築物及び施設の開発費用 − 公共交通と自転車を組み合わせた利用に資する活動
2014年1月29日 〜現在	第L2531-7条の条項の限りにおいて，パリ交通圏内で実施される旅客の定期公共交通の投資及び運営のための費用の財源に充てられる．また，STIFはこの負担金に起因する財源を以下の資金調達のために出資することができる． −「イル・ド・フランス地域圏における旅客交通の組織に関する1959年1月7日のオルドナンス第59-151号」第1条に記載された運賃政策を適用するための方策 −「交通法典」第L1231-1条，第L1231-8条及び第L1231-14条から第L1231-16条の意味でのモビリティの組織化に関するあらゆる行動のための投資及び運営のための費用 − 付随的かつ機構と管理者との間で締結された協約の範囲内で，バス・ターミナル，トランジット・モール及び異なるモード間の乗換え拠点のようなPDUに記載された交通のための構築物及び施設の開発費用 − 公共交通と自転車を組み合わせた利用に資する活動

出典：筆者作成．

ている．そのための財源として VT が活用できるように使途が順次拡大されていることが使途の変遷から読み取れる．

② イル・ド・フランス地域圏以外

イル・ド・フランス地域圏以外でも，フランスの大都市では，程度の差こそあれ，1960年代以降，パリ同様，新住民や移民，難民の流入が進んだ．また，第二次世界大戦後，モータリゼーションも進行し，フランスの大都市では路面電車が次々と廃止され，1960年頃には都市交通の主体はバスに移行していた．半面，1960年代後半から70年代初めになると，自動車の渋滞問題が深刻になり，地下鉄などの導入の動きが出てきた．マルセイユでは1977年に，リヨンでは1978年に最初の路線が開業した．1975年には中量輸送手段の導入を目指す「カヴァイエ・コンクール」が実施された．

このような状況を背景に，イル・ド・フランス地域圏に続き，人口30万人超の大都市においても VT が導入された．そのため，運賃割引という要素に加え，インフラ投資のための財源という要素が持ち込まれる．1973年の導入時点から使途に投資が明示されている（表3-7）．

一方で，地方都市独自の交通運営上の事情も反映されている．都市交通は都市圏や AOTU（都市交通運営機構）が担う一方で，都市間交通は地域圏や SNCF が担うという役割分担がされていたために，都市内であっても SNCF の路線は AOTU の管轄外になってしまうという特徴があった．結果的に都市内交通と都市間交通の乗り継ぎが改善しないという問題が発生してきた．乗り継ぎ改善につながるような投資が進むように，1982年以降，「市街地への交通路確保に資する都市交通圏外に及ぶその他の公共交通サービスの投資及び運営費用に充てられる」ように使途が拡大された．

また，イル・ド・フランス地域圏同様，2000年以降は「公共自転車による乗り継ぎ改善」も使途に加えられ，2005年頃からパリの「Vélib」（ヴェリブ）（2007年導入）に代表されるような公共レンタサイクルが各都市に爆発的に普及した．さらに，2014年以降は公共交通ネットワークの面的整備を目指して使途が拡大されている．

表 3-7 「交通負担金」（VT）の使途の変遷——イル・ド・フランス地域圏以外——

期間	使途
1973年7月11日〜 1977年3月20日	第5条第2°段落の規定の限りにおいて，負担金は，以下の財源に充てられる. 1° 公共機関の認可により，都市及び郊外の公共交通企業がこれらの交通の利用者たる給与所得者と同意した運賃割引の全額補償 2° 公共交通への固有の投資 3° 第1条が適用される交通に関する権限を有する機関と公共交通企業との間で必要に応じて結ばれた公共交通サービスの改善，再編，延長又は新設に関する協約に規定された分担金
1977年3月20日〜 1982年8月5日	第L233-64条の規定の限りにおいて，負担金は，以下の財源に充てられる. 1° 公共機関の認可により，都市及び郊外の公共交通企業がこれらの交通の利用者たる給与所得者と同意した運賃割引の全額補償 2° 公共交通への固有の投資 3° 第L233-58条に記載された交通に関する権限を有する機関と公共交通企業との間で必要に応じて結ばれた公共交通サービスの改善，再編，延長又は新設に関する協約に規定された分担金
1982年8月5日〜 1996年2月24日	第L233-64条の規定の限りにおいて，負担金は，都市部の公共交通，及び，都市交通の組織化に責任を有する機関と結んだ契約の範囲内で，市街地への交通路確保に資する都市交通圏外に及ぶその他の公共交通サービスの投資及び運営費用に充てられる.
1996年2月24日〜 2000年12月14日	第L2333-70条の規定の限りにおいて，負担金は，都市部の公共交通，及び，都市交通の組織化に責任を有する機関と結んだ契約の範囲内で，市街地への交通路確保に資する都市交通圏外に及ぶその他の公共交通サービスの投資及び運営費用に充てられる.
2000年12月14日 〜2014年1月29日	第L2333-70条の規定の限りにおいて，負担金は，都市部の公共交通，及び，都市交通の組織化に責任を有する機関と結んだ契約の範囲内で，市街地への交通路確保に資する都市交通圏外に及ぶその他の公共交通サービスの投資及び運営費用に充てられる. 負担金は同様に，公共自転車（commun-vélo）による乗り継ぎ交通を改善するための活動の財源に充てられる.
2014年1月29日〜 2014年11月8日	第L2333-70条の規定の限りにおいて，負担金は，都市部の公共交通，及び，都市交通の組織化に責任を有する機関と結んだ契約の範囲内で，市街地への交通路確保に資する都市交通圏外に及ぶその他の公共交通サービスの投資及び運営費用に充てられる. 負担金は同様に，公共自転車（commun-vélo）による乗り継ぎ交通を改善するための活動の財源のほか，「交通法典」第L1231-1条，第L1231-8条及び第L1231-14条〜第L1231-16条の意味でモビリティ運営機構（AOM: Autorité Organisatrice de la Mobilité）の権限の管轄にあるあらゆる行動の投資及び運営にかかる費用の財源に充てられる.
2014年11月8日 〜2015年1月1日	第L2333-70条及び第L5722-7-1条の規定の限りにおいて，負担金は，都市部の公共交通，及び，都市交通の組織化に責任を有する機関と結んだ契約の範囲内で，市街地への交通路確保に資する都市交通圏外に及ぶその他の公共交通サービスの投資及び運営費用に充てられる. 負担金は同様に，公共自転車（commun-vélo）による乗り継ぎ交通を改善するための活動の財源のほか，「交通法典」第L1231-1条，第L1231-8条及び第L1231-14条〜第L1231-16条の意味でAOMの権限の管轄にあるあらゆる行動の投資及び運営にかかる費用の財源に充てられる. 注：2014年11月6日のオルドナンス第2014-1335号の第43条Ⅲに合わせて，これらの規定は2015年の課税から適用される.

2015年1月1日～2015年8月9日	第L2333-70条及び第L5722-7-1条の規定の限りにおいて，負担金は，都市部の公共交通，及び，都市交通の組織化に責任を有する機関と結んだ契約の範囲内で，市街地への交通路確保に資する都市交通圏外に及ぶその他の公共交通サービスの投資及び運営費用に充てられる．負担金は同様に，公共自転車（commun-vélo）による乗り継ぎ交通を改善するための活動の財源のほか，「交通法典」第L1231-1条，第L1231-8条及び第L1231-14条～第L1231-16条の意味でAOMの権限の管轄にあるあらゆる行動の投資及び運営にかかる費用の財源に充てられる．
2015年8月9日～現在	第L2333-70条及び第L5722-7-1条の規定の限りにおいて，負担金は，AOMの管轄地域内で執行され，その機構により組織される都市部及び非都市部の公共交通，並びに，モビリティの組織化に責任を有する機関と結んだ契約の範囲内で，市街地への交通路確保に資する当該AOMの管轄地域外に及ぶその他の公共交通サービスの投資及び運営費用に充てられる．負担金は同様に，公共自転車（commun-vélo）による乗り継ぎ交通を改善するための活動の財源のほか，「交通法典」第L1231-1条，第L1231-8条及び第L1231-14条～第L1231-16条の意味でAOMの権限の管轄にあるあらゆる行動の投資及び運営にかかる費用の財源に充てられる．

出典：筆者作成．

4　「交通負担金」（VT）制度と日本の「事業所税」，「都市計画税」との違い

　VT はフランス独自の地方の目的税であるが，日本にも類似した税金として，「事業所税」や「都市計画税」が存在している．しかし，地方都市で鉄軌道整備が進まないのはなぜなのであろうか．むしろ地方でモノレールや新交通システムが導入される際にしばしば強調されるのは「ガソリン税」（正式には「揮発油税」）など道路関係諸税である．

　日本の「事業所税」及び「都市計画税」は，「地方税法」（昭和25年法律第226号）の第4章目的税の中に規定されており，それぞれ第6節（第702条～第702条8）と第5節（第701条の30～第701条74）に詳細が示されている．**表3−8**に概要をまとめた．

　「事業所税」も「都市計画税」も，どちらも市町村レベルの地方自治体の財源が限られる中で，都市計画事業や土地区画整理事業を実施したり，都市環境の整備及び改善に関する事業を実施したりするための財源を確保する目的で，受益者である雇用主企業や雇用主個人，不動産所有者に負担を求める受益者負

表3-8 日本の「事業所税」,「都市計画税」

税の名称	「事業所税」	「都市計画税」
「地方税法」の条文	第6節（第702条〜第702条8）	第5節（第701条の30〜第701条74）
導入年	1975年	1956年（ただし，戦前期に一時導入）
目的	都市環境の整備及び改善に関する事業に要する費用に充てるため	都市計画法に基づいて行う都市計画事業又は土地区画整理法に基づいて行う土地区画整理事業に要する費用に充てるため
対象都市	• 「地方自治法」第252条の19第1項の市 • 「首都圏整備法」第2条第3項に規定する既成市街地 • 「近畿圏整備法」第2条第3項に規定する既成都市区域 • 人口30万以上のもののうち政令で指定するもの	各市町村において「都市計画法」第5条の規定により指定された都市計画区域内のうち同法第7条第1項に規定する市街化区域
課税客体	• 事業所等において法人又は個人の行う事業 • 当該指定都市内における事業所床面積，従業員数が合計で1000m²超，100人超の法人または個人 • ただし，事業者（政府，業種）による減免措置あり	• 市街化区域内に所在する土地及び家屋の所有者 • ただし，用途や所有者による減免措置あり
課税標準	• （資産割）事業所床面積 • （従業員割）従業者給与総額	土地又は家屋の価格
税率	• （資産割）600円／m² • （従業員割）0.25%	上限0.3%
使途	1. 道路，都市高速鉄道，駐車場その他の交通施設の整備事業 2. 公園，緑地その他の公共空地の整備事業 3. 水道，下水道，廃棄物処理施設その他の供給施設又は処理施設の整備事業 4. 河川その他の水路の整備事業 5. 学校，図書館その他の教育文化施設の整備事業 6. 病院，保育所その他の医療施設又は社会福祉施設の整備事業 7. 公害防止に関する事業 8. 防災に関する事業 9. 前各号に掲げるもののほか，市街地開発事業その他の都市環境の整備及び改善に必要な事業で政令で定めるもの	• （原則として）市町村が都道府県知事の認可を受けて行う都市計画事業（「都市施設」の整備事業も含む） • 国の機関，都道府県等が行う都市計画事業 • 都市計画区域内の土地について，公共施設の整備改善及び宅地の利用の増進を図るため，「土地区画整理法」で定めるところに従って行われる土地の区画形質の変更及び公共施設の新設又は変更に関する土地区画整理事業

出典：筆者作成.

担のしくみとなっている．その意味では VT と類似した側面を持つ．しかし，VT と比較すると，VT の主たる使途が公共交通に限定されている一方で日本の「事業所税」や「都市計画税」は道路交通を含むだけでなく，都市施設全般を含む都市基盤全般の整備や，環境問題，公害防止，防災など都市生活にかかわるさまざまな施設整備に充てられることが特徴となっている．

　日仏間の違いの背景には，雇用者の従業員に対する通勤費負担の違いが存在するように思われる．通勤費負担が一般的な日本の雇用者の場合，公共交通も含む従業員の交通に関する費用は既に雇用者が負担している．フランスの場合，通勤費の完全負担は一般的ではないので，雇用者への課税の形で通勤費負担を求める合理性が存在する．日本ではむしろ，居住者や通勤による昼間滞在者の生活水準を向上させるような都市環境全般の整備を意図しているだけに，課税客体（課税対象）が広く，課税標準（課税ベース）も不動産の面積や価格による部分が大きいと言えよう．また，「都市計画税」において従業員給与総額を課税標準とすることにより，事業者の負担能力を考慮したものとなっている．

　最後に日本に関して言及が必要な点は，道路整備を目的とした（かつての）道路特定財源において，廃止直前には，道路混雑を緩和することを目的にして，鉄軌道や新交通システムの改良（立体化など）や新設に財源を充てられるようになった点が挙げられるだろう．とは言え，フランスと異なり，インフラ投資への充当に限定されている点が特徴的である．

参考資料：「交通負担金」（VT）の現行規定（2019年4月時点）

（1）イル・ド・フランス地域圏以外（地方都市）

L2333-64（対象地域，課税主体）

I　イル・ド・フランス地域圏を除き，以下の地域において11人以上の給与所得者を雇用する場合，社会的性格を有する事業を行う非営利目的の公益団体と認定される財団及び協会を除き，官民，個人か法人かを問わず，雇用主は公共交通の財源に充てる負担金を支払わなければならない．

　　1°　人口1万人超，又は，人口が1万人未満で，区域内に「観光法典」（Code du Tourisme）第L133-11条の意味で観光コミューンと分類される1ないし複数のコミューンを含むコミューン又は都市共同体

　　2°　モビリティの組織化に関する権限を有する，コミューン間協力公施設法人が管轄する地域

　　3°　第L5722-7-1条に規定された条項の限りにおいて，都市圏又はリヨン都市圏

　　人員の増加に伴い給与所得者が11人に達した雇用主は3年間，負担金の支払いを免除される．負担金額は免除最終年に続く3年間はそれぞれ75％，50％，25％割引される．1996年に負担金を免除された雇用主は1999年12月31日まで支払い免除が適用される．

II～IV　廃止

L2333-65（課税客体，課税標準）

交通負担金の課税標準は，雇用主が負担し疾病保険の財源に充てられる疾病保険料支払いの課税標準決定のために考慮される活動に関する収入に設定される．交通負担金は疾病保険料支払いと同じ条件かつ同じ保証下で徴収される．

L2333-66（負担金制定の決定者）

公共交通の財源に充てる負担金は，市議会又は公施設法人における権限を持つ機関の決定により制定される．

L2333-67（税率，税率決定者・決定方法）

I　負担金の税率は以下の上限のもとで市議会又は公施設法人における権限を持つ機関によ

り決定または修正される．

- コミューン又は公施設法人の人口が 1 万人から10万人の場合，第 L2333-65条に規定される給与の0.55%．
- コミューン又は公施設法人の人口が 5 万人から10万人でモビリティ運営機構（AOM: Autorité Organisatrice de la Mobilité）又は都市交通運営機構（AOTU: Autorité Organisatrice de Transport Urbain）が専用敷を走行する公共交通インフラの実現を決定した場合，第 L. 2333-65条に規定される給与の0.85%．もし対応するインフラ工事が交通負担金の税率の引き上げ日より 5 年以内に開始されなければ， 6 年目以降に適用される税率は最大0.55%に引き下げられる．
- コミューン，リヨン都市圏又は公施設法人の人口が10万人を超える場合，第 L2333-65条に規定される給与の 1 %．
- コミューン，リヨン都市圏又は協力公施設法人の人口が10万人を超え，AOM 又は AOTU が道路式又は誘導式の公共交通インフラの実現を決定した場合，第 L2333-65条に規定される給与の1.75%．もし対応するインフラ工事が交通負担金の税率の引き上げ日より 5 年以内に開始されなければ， 6 年目以降に適用される税率は最大 1 %に引き下げられる．ただし，2004年 1 月 1 日より前に 1 %超の税率を決定した自治体においてはこの期間は2004年 1 月 1 日より起算される．

ただし，コミューン共同体及び都市圏の共同体は上述の段落に言及された最高税税率を0.05%上げる権限を持つ．

この権限は同様に以下の者にも適用される．

- 都市共同体
- 都市圏
- 第 L5722-7-1条に規定された条項の限りにおいてリヨン都市圏
- コミューン共同体，都市圏共同体，都市共同体が加入する AOM
- 第 L5722-7-1条第二段落が適用されてリヨン都市圏に代わる AOTU

「観光法典」（Code du Tourisme）第 L133-11条の意味で観光コミューンと分類される 1 ないし複数のコミューンを含む区域では，適用税率を0.2%上げられる．

人口が 1 万人未満でかつ「観光法典」第 L133-11条の意味で観光コミューンと分類される 1 ないし複数のコミューンを含む区域を有するコミューン及びモビリティ又は都市交通の組織化に関する権限を有する公施設法人においては，交通負担金の税率は本法典の第 L2333-65条に規定された給与の0.55%以下に設定される．

コミューン間協力公施設法人，リヨン都市圏又は自主財源が付与されたコミューン間協力

公施設法人が加入する混成事務組合の地区が拡張される場合，交通負担金が新たに編入されるコミューンの地区に設定されていない時，又は，より低い率だった時には，これらに編入されるコミューンの地区に適用される公共交通の財源に充てる負担金の税率は，公施設法人又は混成事務組合の機関の決定により，他のコミューンの地区に適用される税率に対して編入後最長12年間は軽減又は0にすることができる．これらのコミューン又はコミューン間協力公施設法人に採用される税率は，地区の変更前の年に適用されていた税率を下回ることはできない．これらの規定は自主財源が付与されたコミューン間協力公施設法人の合併の際に適用される．第 L5722-7-1 条第二段落が適用されてリヨン都市圏に代わる AOTU の議決機関の決定により，この AOTU の管轄地域が新たなコミューンに拡大する場合には，公共交通の財源に充てる負担金の税率は同じ条件で下げられる．

前段落の規定は，モビリティに関する権限を持つ自主財源が付与されたコミューン間協力公施設法人の設立の結果として，自主財源が付与されたコミューン間協力公施設法人の合併の結果として，あるいは当該コミューンも構成員である自主財源が付与されたコミューン間協力公施設法人へのモビリティの組織化に関する権限の移行の結果として，AOM の管轄地域内に編入されるコミューンに適用される．これらの規定は同様にリヨン都市圏または万一の場合には第 L5722-7-1 条第二段落が適用されてリヨン都市圏に代わる AOTU にも適用される．

あらゆる税率の変更は毎年1月1日又は7月1日に発効する．新たな税率を定める議決は AOM 又は AOTU から徴収機関にそれぞれ毎年11月1日又は5月1日までに伝達される．徴収機関は新たな税率を遅くとも伝達日から1か月以内に課税対象者に知らせる．

II　削除

L2333-68（使途）

第 L2333-70 条及び第 L5722-7-1 条の規定の限りにおいて，負担金は，AOM の管轄地域内で執行される都市部及び非都市部の公共交通，並びに，担当 AOM との間で結ばれた契約の範囲内で当該 AOM の管轄地域内ですべて実施されない市街地への交通路確保に資するこの機構及びその他の公共交通機関により実施される都市部及び非都市部の公共交通の投資及び運営費用に充てられる．負担金は同様に，公共自転車（commun-vélo）による乗り継ぎ交通を改善するための活動の財源のほか，「交通法典」第 L1231-1 条，第 L1231-8 条及び第 L1231-14 条〜第 L1231-16 条の意味で AOM の権限の管轄にあるあらゆる行動の投資及び運営にかかる費用の財源に充てられる．

L2333-69（納付方法）

I. A　第 L2333-64条で対象となる雇用主は，社会保障の諸制度に適用される徴収，係争及び罰則の規則に従って，上述の条項に規定された負担金を社会保障及び家族手当の分担金を徴収する組織又は部局に支払う義務がある．

前述の組織又は部局は徴収費用の控除額を徴収額から天引きする．

II　国は第 L2333-64条に規定する負担金額を，当局が仕事場で恒久的住居を保証し，または無料送迎を行う現役軍人の人数に比例して決定される割合だけ減額する．

L2333-70（徴収手続き）

I　税収から負担金を以下の雇用主に払い戻すコミューン又は公施設法人の予算に払い込まれる．

　　1°　恒久的な住居を職場に保証した又はすべてもしくは一部の被雇用者に完全に送迎輸送を実施したことを証明する雇用主．払い戻しは総人数に対する輸送人数又は居住人数に比例して行われる．

　　2°　新たに開発された町の市街化圏又は都市化に関する書類に規定された商工業地区が第 L2333-66条に言及された規定により指定されている場合，これらの市街化圏又は地区の内側に給与所得者を雇用する雇用主．

本条の規定は，第 L5722-7-1条の規定の限りにおいてリヨン都市圏に適用する．

II　社会保障機構中央機関（ACOSS: Agence Centrale des Organismes de Sécurité Sociale）又は徴収機関は毎年，コミューン又は管轄地域に権限を有する公施設法人に，その要請に基づいて，交通負担金の徴収時に収集した負担金の金額の計算に資する統計及び情報を提供する．

コミューン又は公施設法人に伝送される情報は職務上の秘密により保護される．

本 II 項の規定は，第 L5722-7-1条の規定の限りにおいてリヨン都市圏に適用する．

本 II 項の適用方法は，国務院（Conseil d'Etat）の議を経たデクレにより決定される．

L2333-71（配分方法）

コミューン又は公施設法人は，払い戻しに掛かる費用の控除を差し引いた後，残額を第 L2333-68条に規定された用途に応じて配分する．本条の規定は，第 L5722-7-1条の規定の限りにおいてリヨン都市圏に適用する．

L2333-72 (管轄裁判所)

払い戻しに関する異議申し立ては行政裁判所が管轄する.

L2333-73 (払い戻しの時効)

交通負担金の払い戻しの要求は負担金の徴収日から起算して2年で時効になる.

L2333-74 (コミューン又は公施設法人の権限)

コミューン又は公施設法人は，第L2333-69条，第L2333-70条のI及び第L2333-71条の適用に必要なあらゆる管理を行う権限が与えられる.

リヨン都市圏，又は，万一の場合には第L5722-7-1条の第二段落が適用されるリヨン都市圏に代わる交通運営機構 (AOT: Autorité Organisatrice de Transports) は同種の管理を行う権限を与えられる.

L2333-75 (細則設定方法)

デクレ (政令) により，必要に応じて，第L2333-64条～第L2333-74条を社会保障の諸制度に合致した規則に適用するために，これらの条文の適用方法が定められる.

(2) イル・ド・フランス地域圏

L2531-2 (対象地域，課税主体，割引)

I. イル・ド・フランス地方において，11人以上の給与所得者を雇用する場合，社会的性格を有する事業を行う非営利目的の公益団体と認定される財団及び協会を除き，官民，個人か法人かを問わず，雇用主は交通負担金を支払わなければならない.

人員の増加に伴い給与所得者が11人に達した雇用主は3年間，負担金の支払いを免除される. 負担金額は免除最終年に続く3年間はそれぞれ75%，50%，25%の割引がある. 1996年に負担金を免除された雇用主は1999年12月31日まで支払い免除が適用される.

II ～ IV 廃止

L2531-3 (課税客体，課税標準)

交通負担金の課税標準は，雇用主が負担し疾病保険の財源に充てられる疾病保険料支払いの課税標準決定のために考慮される活動に関する収入に設定される. 交通負担金は疾病保険料支払いと同じ条件かつ同じ保証下で徴収される.

L2531-4（税率，税率決定者・決定方法）

第L2531-3条に規定される給与の割合で示される負担金の税率は，イル・ド・フランス運輸機構（STIF: Syndicat des transports d'Ile-de-France）により，以下の上限の範囲内で決定される．

> 1°　パリ及びオー・デュ・セーヌ県は2.95％
> 1°bis セーヌ・サン・ドニ県及びヴァル・デュ・マルヌ県のコミューンは2017年に関して2.12％，2018年に関して2.33％，2019年に関して2.54％，2020年に関して2.74％，2021年1月1日以降に関して2.95％
> 2°　パリ並びにオー・デュ・セーヌ県，セーヌ・サン・ドニ県及びヴァル・デュ・マルヌ県のコミューン以外で，フランス国立統計経済研究所（INSEE: Institut National de la Statistique et des Etudes Economiques）により定義されるようなパリ都市圏（unité urbaine de Paris）の範囲を特に考慮して，STIFの意見聴取後に国務院（Conseil d'Etat）の議を経たデクレ（政令）により決定されたリストに掲載されたコミューンは2.01％
> 3°　イル・ド・フランス地方のその他のコミューンは1.6％

　税率の変更は毎年1月1日又は7月1日に発効する．新たな税率を定める議決はSTIFから徴収機関にそれぞれ毎年11月1日又は5月1日までに伝達される．徴収機関は新たな税率を遅くとも伝達日から1か月以内に課税対象者に知らせる．

L2531-5（使途）

第L2531-7条の条項の限りにおいて，パリ交通圏内で実施される旅客の定期公共交通の投資及び運営のための費用の財源に充てられる．
　STIFはこの負担金に起因する財源を以下の資金調達のために出資することができる．

- 「イル・ド・フランス地方における旅客交通の組織に関する1959年1月7日のオルドナンス第59-151号」第1条に記載された運賃政策を適用するための方策
- 「交通法典」第L1231-1条，第L1231-8条及び第L1231-14条から第L1231-16条の意味でのモビリティの組織化に関するあらゆる行動のための投資及び運営のための費用
- 付随的かつ機構と管理者との間で締結された協約の範囲内で，バス・ターミナル，トランジット・モール及び異なるモード間の乗換え拠点のような交通計画（PDU: Plan de Déplacements Urbains）に記載された交通のための構築物及び施設の開発費用
- 公共交通と自転車を組み合わせた利用に資する活動

L2531-6（徴収手続き）

I. A　第L2531-2条で対象となる雇用主は，社会保障の諸制度に適用される徴収，係争及び罰則の規則に従って，上述の条項に規定された負担金を社会保障及び家族手当の分担金を徴収する組織又は部局に支払う義務がある．

収入はパリ運輸機構（STP: Syndicat des Transports Parisiens）に支払われる．

徴収された負担金は上述の機構により以下の者に払い戻される．

　1°　恒久的な住居を職場に保証した又はすべてもしくは一部の被雇用者に完全に送迎輸送を実施したことを証明する雇用主，及び交通に関する月単位の定額特別補助金の支払いを免除されている雇用主；この払い戻しは総人数に対する輸送人数又は居住人数に比例して行われる．この払い戻しは関係する雇用主に第L5341-2条の規定の中で市街化圏の廃止に至るまでの期間，継続する．

　2°　新たに開発された町の市街化圏の内側に給与所得者を雇用する雇用主が，5年以内にその場所に企業を設立していたとき．新たに開発された町の市街化圏の内側に設立されて5年以上経過した企業及び1995年以降に設立された企業は，払い戻し額は毎年1/5ずつ減額されて，5年目以降払い戻しはなくなる．

B　国は第2531-2条に規定する負担金額を，当局が仕事場で恒久的住居を保証し，または無料送迎を行う現役軍人の人数に比例して決定される割合だけ減額する．

II.　ACOSS又は徴収機関はSTIFの要請により，毎年STIFに金額を計算するために資する交通負担金に関する統計及び情報を提供する．

STIFに伝送される情報は職務上の秘密により保護される．

IIの適用方法は国務院の議を経たデクレ（政令）により定められる．

L2531-7（配分方法）

徴収及び省庁間のアレテ（省令）で定められた払い戻しに掛かる費用の控除を差し引いた後，上述の機構は残額を第L2531-5条に規定された用途に応じて配分する．

L2531-8（管轄裁判所）

払い戻しに関する異議申し立ては行政裁判所が管轄する．

L2531-9（払い戻しの時効）

交通負担金の払い戻しの要求は負担金の徴収日から起算して2年で時効になる．

L2531-10（STP の権限）

パリ運輸機構に，第 L2531-6条のＩ A 及び第 L2531-7条の適用に必要なあらゆる管理を行う権限を与える．

L2531-11（細則設定方法）

デクレ（政令）により，必要に応じて，この節の適用方法，とくに上述の規程を社会保障の諸制度に合致した規則に適用するために必要な方法が定められる．

第4章　運行委託制度[1]

1　公共交通の運営主体の階層性

　フランスの公共交通の運営主体は，地方都市とイル・ド・フランス（Île-de-France）地域圏では，都市内交通に対する法制度が異なっている（表4-1）．本章では，地方都市とイル・ド・フランス地域圏のそれぞれについて，公共交通の供給体制を述べていく．

　イル・ド・フランス地域圏以外では，「国内交通基本法」（LOTI: Loi d'Orientation des Transports Intérieurs），2010年以降は「交通法典」（Code des Transports）及び「国土整備開発基本法」（Loi n°95-115: Loi d'orientation pour l'aménagement et le développement du territoire）に基づき，次のような4層構造を有している．まず，都市圏に関しては，都市圏交通計画（PDU: Plan de Déplacements Urbains）の策定，都市圏内の公共旅客交通全般（地下鉄，トラム，バスなど）の運営などを担当する機関は AOTU（Autorité Organisatrice de Transport Urbain, 都市交通運営機構）である．第二に，県域に関しては，都市間交通の運営などを担当する機関は AOTD（Autorité Organisatrice des Transports Départementaux；「D」の部分にしばしば県名が入る）で，主に中心都市と周辺部とを結ぶバス交通の運営が主であるが，都市圏旅客交通以外の鉄道も守備範囲とされている．第三に，地域圏（Régions）に関しては，地域圏が地域圏交通委員会（Comités régionaux des transports）と連携して計画及び運営に当たる．実際の運行主体は主にフランス国鉄（SNCF: Société Nationale des Chemins de fer Français）で，「TER」（Transport Express Régional）と表示されているローカル列車はこの枠組みの中で運行されている．第四に，国である．国家交通評議会（Conseil national des transports）と連携して，SNCF[2]，長距離バス，航空，船舶など国土全体の公共交通全般を管轄する．

表4-1　イル・ド・フランス地域圏とその他地域における都市交通制度

	イル・ド・フランス地域圏	その他の地域
法令	「地方団体一般法典」 第 L2531 条の 2 から第 L2531 条の11	「地方公共団体一般法典」 第 L2333 条の64から第 L2333 条の75
運営組織	STIF（AOTU の一つ）	各都市圏の AOTU
事業者	RATP，SNCF などの公企業中心， ほかに約80の民間企業	AOTU から委託された民間事業者
財源	「交通負担金」	「交通負担金」

出典：青木，湧口（2009b）を一部修正.

　以上のような階層性のもとで，都市内公共交通に関しては交通機関を超えた連携や一元的な運営体制を選択することが可能であるという利点がある一方，都市圏が拡大するなかでSNCF の保有する線路を利用した公共交通（トラム・トラン［Tram-Train］など）の整備や，SNCF と都市内交通との乗継円滑化を図ることが難しい，バス路線に関しても郊外路線と都市内路線との乗り継ぎがうまくいかないという欠点も存在する．

　イル・ド・フランス地域圏は，地下鉄路線とトラム路線がパリ交通公団（RATP: Régie Autonome des Transports Parisiens）により運営されているほか，RER（Réseau express régional d'Île-de-France，近郊電車）が RATP と SNCF により運行されている．この他，多数の民間企業がバス路線を中心に運行している．イル・ド・フランス地域圏の場合，AOTU はイル・ド・フランス運輸機構（STIF: Syndicat des Transports d'Ile-de-France）である．この機構は，都市連帯再生法（SRU 法：Loi n° 2000-1208 du 13 décembre 2000 relative à la Solidarité et au Renouvellement Urbains）により，2000年12月に前身のパリ運輸機構（STP: Syndicat des Transport Parisiens）から移行したものである．STP は，1959年に「イル・ド・フランスの旅客交通の組織化に関する1959年 1 月 7 日のオルドナンス第59-151　号」（Ordonnance n°59-151 du 7 janvier 1959 relative à l'organisation des transports de voyageurs en Ile de france）により創設された組織である．イル・ド・フランス地域圏では，RATP と SNCF という公的事業体を中心に，80社あまりの小規模な民間企業が運行を担っている．

2　都市内公共交通の運営制度

　都市内公共交通では，地方自治体（市町村：commune 及び市町村連合）が大きな責任と権限を保有している．地方分権化の流れの中で，1982年に交通政策の基本を定めた LOTI が成立し，以後の政策は同法を基に実施されていた．地方自治体は，都市内公共交通を担う組織として AOTU を設置し，この組織が当該都市圏の交通政策，すなわち都市内の公共交通体系の計画，整備，運営に責任を持っている．より具体的には，交通サービスの運営企業の選定や運賃決定，路線網や頻度などサービスの質，交通網整備に伴う財政計画の策定などを行っている．フランスには2012年に286の AOTU が設置されている．

　フランスの場合，市町村や AOTU という行政組織が，直営又は公営企業の形で，公共交通の運行に直接携わることはほとんどない．実際にバスやトラムなどの運行を行うのは，委託を受けた民間企業，又は自治体が51％以上を出資して民間企業と協同して設立した企業（SEM: Société d'Economie Mixte）によるのが一般的である．

　イル・ド・フランス地域圏は例外で，RATP と SNCF という公的事業体を中心に，小規模な民間企業も運行を担っている．イル・ド・フランス地域圏以外では，マルセイユ（Marseille）やトゥールーズ（Toulouse）など直営で行われている地域もあるが，大半の都市では大手グループ傘下の民間企業がトラムやバスの運行を担っている．例えば2012年に公共交通の運行を自治体直営で行っている事例は，全体の10％にすぎない（**表4‒2**）．全体の90％は，民間会社に委託する形態が採用されている．通常は，都市内の公共交通の運行は１社で一括受託している．公共サービスの運営を民間企業に委託することは，都市交通に限らず水道や道路清掃など多くの分野で導入されている．

　2010年まで，行政機関から公共交通の運行を託された会社は，フランス全土でみると民間会社である KEOLIS 社，VEOLIA TRANSPORT 社，TRANSDEV 社の３社と，独立系の公共交通事業者の連合体である AGIR の大きく４グループに分けられた．民間企業である３社は，独立系企業の買収も行っている．ノウハウや技術力，資金面の有利さを生かしてグループのシェアは上昇傾

表4-2　公共交通の運行形態

	1998年	2005年	2012年
直営	10.8%	8.6%	10.0%
民間委託	89.2%	91.4%	90.0%

出典：CERTU（2007a），GART（2013）をもとに筆者作成.

表4-3　企業グループ別にみる公共交通の受託数（利用者数による比率）

	1998年	2005年	2009年	2012年
KEOLIS（注1）	35.8%	39%	42%	43%
TRANSDEV	23.1%	22%	23%	35%
VEOLIA TRANSPORT（注2）	14.6%	22%	14%	
AGIR	5.0%	10%	17%	17%
独立系，その他	15.2%	7％	4％	5％

注1：1998年は前身のVIA GTI社.
注2：1998年はCGEA社．2011年にTRANSDEV社に事業を移管.
出典：CERTU（2000）およびAGIR（2007），GART（2010）（2013）をもとに筆者作成.

向にある（**表4-3**）．4大グループの一角を占めたVEOLIA TRANSPORT社とTRANDEV社が2011年に合併し，さらにその後VEOLIAグループが交通事業から撤退したため，現在は3グループになっている．これらグループに属さない独立系の民間企業や公営企業も少数ながら存在している．

3　運行会社の概況

（1）KEOLIS社

KEOLIS社は，都市圏数で全体の29%，利用者数で42%を占める（2009年[3]），フランス最大の運行受託事業者である．KEOLIS社の前身であるVIA GTI社は，PARIBAS銀行傘下の都市交通事業者であったが，同行が保有株式を1999年にSNCFに売却した結果，SNCF子会社のCARIANE社と合併してVIA CARIANE社となり，2001年にKEOLIS社と改称した．リール（Lille）とリヨン（Lyon）の2大都市を含め，かつてVIA GTI社が受託していた都市の大部分で公共交通事業を運営している．KEOLIS社の受託事業の多くは，子会社（民間企業）を設立する形態だが，一部都市ではSEM方式で運営を行っている

表4-4　KEOLIS（ケオリス）社における運行委託

受託	・受託に当たり，AOTUとの関係から財務などの透明性を確保するため，KEOLIS社は独立した子会社を設立する必要がある．入札の公告の段階で別会社設立を明示されることが多く，90%の契約が該当する．別会社にすることで，自治体にとり投資や人員面で透明性を確保できる反面，受託数と共に子会社も増加するため，KEOLIS社としては管理費用がかさむ事になる． ・受託の決め手は一概に言えない．自治体から，ネットワーク全体のプランの提出を求められることもある．例えばドロー（Dreux：パリの西約60-70kmの場所）では，それまでバス2路線を運行していたが，リスクをKEOLIS社が負担する条件で別の2路線を提案したことが，受託に結びついた． ・利用者数の増加時の利益分配方法や，運行の正確さ，継続性，車両の破損，清潔さに伴うボーナスとペナルティ，最大支払額は契約により事前に決められている．増収分は，モチベーションを高めるため，従業員に還元する． ・契約期間の中間で，法律，財務，運行などについて，会社で監査を行い，達成度をチェックする．また契約終了1年前に報告書を作成し，自治体に提出する．サパン法は投資額に応じて上限となる期間を決めているだけであり，個別案件における契約期間は自治体が決定する．
資本費負担	・資本費に相当する車両やインフラ部分の整備は，原則として自治体（又はAOTU）の責任で提供される．ただし，トラム建設などの大規模なインフラ整備は自治体で行うが，バス車両や小規模な施設整備については，運行受託者が行う場合も多い．車両整備には，リース（最終的に購入する権利がある），レンタル（購入の権利なし），購入（基本的に自治体が行う）の3形態があり，リース，レンタルについては，KEOLIS社の別部門が行っている．バス停，屋根付きバス停（abribus），GPSシステムなどについても，誰がどのように負担するかは，契約書に明記される．これらを100%自治体で負担している都市はほとんどない．料金収受機やバス停などをKEOLIS社で調達することが多い．KEOLIS社の調達範囲は契約で規定されており，券売機や車両の条件（技術面，財務面）も，契約書の規定に従う．KEOLIS社による調達は，地域ごとに個別に行っているが，これは全国調達にすると，費用がかさむためである． ・カン（Caen）については，TVRの建設にあたり，契約期間30年の事業特許（コンセッション）方式が採用された．カンにおいても，自治体が結ぶ契約は1つだが，契約の中で「車両・大規模な整備――ボンバルディア社（車両メーカー）」，「線路・電停の建設――建設会社」，「運行・簡単な整備（座席交換など）――KEOLIS社」の負担が定められた．
受託企業の変更	・変更は，頻繁に発生するわけではない．トラムやメトロの導入時に，バス路線を再編することが多いため，このときに受託企業の変更も生じやすい． ・例えばランス（Reims）では，従来，KEOLIS社がバス運行を受託していたが，トラムを導入するときにアルストム社と組んだTRANSDEV社が運行を受託した．KEOLIS社は，ボンバルディア社と組んで提案を行ったが採用されなかった．この結果，バス事業についても契約期間を短縮され，受託できなくなった．
職員の雇用	・KEOLIS社の年次報告書によると，2006年のKEOLIS社本体の職員数は829名，このうち管理職が676名と全体の80%以上を占める．このうちパリの本社で250人程度，リヨンで100～150人が働いている．一方，グループ全体の職員数は，2006年に30,751名であり，管理職が1,224名，職場長・技師が3,776名，運転手などの労働者が25,751人となっている． ・KEOLIS社はランスでバス事業を受託できなくなったが，バス運転手など現地採用職員は，新たな受託企業に採用された．これに伴う費用は自治体が負担した．運行管理者を含め，現地の子会社の職員の大部分は現地採用である．KEOLIS社が直接雇用する社員は，契約期間が終了すれば他都市に異動する．該当者は，マーケティング，財務，全体の総務，技術の4部門の責任者クラスのみであり，少ない都市だと3人程度，リヨンなど大都市で20～30人である．

3大グループへの集約	・車両は地域ごとにカラーリングや仕様などが異なるため，他の地域へ転用することはできず，規模の経済性はほとんどない．複数都市で受託することに伴うメリットは，都市内輸送と県間輸送を同時に受託すると，クローズド区間が生じないため，利便性が向上する程度である．またスクールバス輸送と同時に，学校の校外学習（プールや競技場）に伴う需要が発生することがあり，これもメリットと言える．ただし，これらは副次的なものである． ・受託にあたり事前に行う調査費の問題が大きい．例えばボルドー（Bordeaux）では，KEOLIS 社は，事前調査に約100万ユーロを費やした．中小事業者が他都市に進出しにくいのは，調査費や契約に関わる費用が大きく影響している．
海外進出	・英国やドイツに進出しており，現地の会社と提携している．契約その他に関わる費用が膨大である．フランス市場は既に飽和状態であり，米国，カナダへの進出を考えている．現在，国内と海外の比率は6：4だが，2～3年後には5：5を目指したい．日本に進出する場合は，日本のメーカーと協力しないと契約を獲得しにくいと考えるが，ボンバルディア社やアルストム社との関係もあり，実際には難しいであろう．また海外案件については，政治の影響も大きい．例えば，アルジェリアで RATP が事業を受託したが，これはサルコジ大統領（当時）が現地を訪問したことが，契約に結びついた大きな要因であると考える．

2008年3月3日に実施したパリ・ケオリス社でのヒヤリングによる．
出典：青木亮・湧口清隆（2008b）をもとに作成．

他，公営企業に対し技術面のサポート契約を結んでいる都市も存在する．

KEOLIS 社における受託業務の実際は，**表4-4**にまとめられる．

（2）TRANSDEV 社

民間預金の保護を目的とする公的金融機関である CDC（Caisse de Dépôts et Consignations：預金供託公庫）が公共交通分野に進出した後，これをグループ化して1990年に誕生したのが TRANSDEV 社である．2009年の受託数は，都市圏で15％，利用者数で23％である．TRANSDEV 社は民間企業であるが，公共交通の受託にあたっては，日本の第三セクター企業に相当する SEM 方式の採用が多い．TRANSDEV 社が運行を行っている都市は，ナント（Nantes）やグルノーブル（Grenoble），ストラスブール（Strasbourg），モンペリエ（Montpellier），オルレアン（Orléans）など，軌道系交通機関を持つところが多い．

2011年に VEOLIA TRANSPORT 社と合併して VEOLIA TRANSPORT—TRANSDEV 社となったが，VEOLIA 社の交通事業からの撤退により，2013年に再度 TRANSDEV 社へ社名を変更した．

（3）VEOLIA TRANSPORT 社 （もと CGEA CONNEX 社）

2005年にグループの企業名を統一するため，CGEA CONNEX 社から VEO-LIA TRANSPORT 社に社名を変更した．2009年の受託数は，都市圏数で27％，利用者数で14％を占める．フランスにおける公益事業の請負会社である VEO-LIA ENVIRONNEMENT 社（水道事業，清掃事業，エネルギー事業などを請負う）の子会社である．同社の前身は1912年設立の会社であり，主に都市間交通サービスの運行に関わってきたが，1988年に CGFTE（Compagnie Générale Française de Transports et d'Entreprises）社を買収して以降，事業分野を拡大した．2011年に TRANSDEV 社と合併して VEOLIA TRANSPORT ─ TRANSDEV 社となり，その後2013年に会社を清算して，交通事業から撤退した．

（4）AGIR

AGIR（Association pour la Gestion Indepéndante des Réseaux de transport public）は，独立して事業を展開している自治体や企業の連合体として1987年に設立された．交通サービスに関する調査や助言を行うことを目的にしている．2000年のメンバーは，マルセイユ（Marseille），ミュールーズ（Mulhouse）[4]など人口10万人以上の8都市を含む40都市であり，行政当局と密接な関係を維持している．

（5）その他の独立系の事業者

2009年当時，フランスの都市圏の16％，利用者数で4％は AGIR にも主要民間企業グループにも属していない．これら事業の多くは，独立系の民間会社が運行を担っているが，AGIR に加盟していない自治体の直営事業や公営企業による運行も一部で行われている．独立系が運行する交通サービスの多くは，人口1万人から5万人の小規模なネットワークである．例えば2002年に CGEA CONNEX 社に買収された独立系の VERNEY グループは，10都市で運行を行っていたが，最大規模の都市であるヴァンヌ（Vannes）でも人口105,000人であった．

4 公共交通の運行に関する委託契約

（1）委託契約の概要

フランスでは，公共交通の運行の大部分（90%）は，民間会社やSEMに委託されている．運行委託自体は，フランスでは古くから行われてきたが，現在のような委託制度になったのは，1993年1月の通称「サパン（Sapin）法」（Loi n°93-122 du 29 janvier 1993 relative à la prévention de la corruption et à la transparence de la vie économique et des procédures publiques：腐敗防止並びに経済生活及び公共手続きの透明性に関する1993年1月29日の法律）の制定と2001年9月に「公共調達法典」（Code des Marchés Publics）が改正され，地方分権化が促進されて以降である．都市交通分野におけるフランスの委託契約は，大きく6タイプに分けられ，板谷は以下のように説明している（板谷［2016］，p. 312を一部修正）．

1）管理人契約：AOTU側が全てのリスクを負い，事業者は契約に従って日常的な運営・管理業務のみを行う．

2）業務委託：管理人契約とほぼ同じだが，事業成績に応じてボーナスが得られる仕組みが加わる．

3）固定価格契約：運賃収入はAOTUのものとなり，補助額は契約時に定められた想定総費用額となる．費用削減をすると利益が出るが，運賃収入の増減は事業者の利益と関係ない．

4）固定拠出契約：後述の経営委託と同じ枠組みだが，施設整備にかかるリスクは全てAOTUの責任となる．

5）経営委託：AOTUは施設の建設を行い，事業者はそれをリースして事業を行う．補助額は契約時に定められた一定額であり，事業状況がよければ利益を出せる．

6）事業特許（コンセッション）：施設の建設，管理，運営等について全ての責任を事業者側が持つ契約方式である．補助額は経営委託の場合と同様，契約時に定められた一定額となる．

上記6つの契約制度について，リスク負担をもとにまとめると以下になる

表 4 - 5　各契約方式の概要

リスク配分 3 類型	フランス 6 分類	投資	運賃収入	運行費
費用積上契約	管理人契約（Gérance）	AOTU	AOTU	AOTU
	業務委託（Régie intéressée）	AOTU	AOTU	AOTU
総費用契約	固定価格契約（Gestion à prix forfaitaire）	AOTU	AOTU	事業者
純費用契約	固定拠出契約（Contribution financière forfaitaire）	AOTU	事業者	事業者
	経営委託（Affermage）	AOTU	事業者	事業者
	事業特許（Concession）	事業者	事業者	事業者

（左列に縦書き：低　リスク　高）

出典：板谷（2016）に一部加筆.

（表 4 - 5）．表では上方に位置する契約形態（管理人契約）ほど事業者にとってリスクが小さく，下方にある契約形態（事業特許：いわゆるコンセッション）で事業者の負うリスクが大きくなっている．また 1 ）管理人契約と 2 ）業務委託が契約理論における費用積上契約， 3 ）固定価格契約が総費用契約， 4 ）固定拠出契約と 5 ）経営委託， 6 ）事業特許が純費用契約に相当する．

　1970年代までの契約形態は，管理人契約で100％占められ，受託会社の変更はほとんど行われず，一般的な契約期間である 5 年が経過すると，自動的に再契約を結ぶのが一般的であった．1980年代以降，管理人契約の比率が低下し，競争的な契約手法が増加してきた．2012年には管理人契約は全体の 3 ％，業務委託が 6 ％である一方，総費用契約である固定価格契約が75％を占める．純費用契約である固定拠出契約と経営委託，事業特許は，それぞれ 9 ％， 4 ％， 3 ％になる[5]．都市圏規模別に見ると，TCSP を保有する人口40万人以上の都市圏では事業特許が10％，経営委託が20％と事業者が多くのリスクを負担する契約の比率が高い．それに対して， 5 万人以下の都市圏では事業特許と経営委託を合わせても 6 ％であり，管理人契約が 6 ％を占めるなど対照的である．概してTCSP を導入している都市圏で，事業者のリスク負担が大きい契約形態が採用される傾向にある（図 4 - 1）．受託先の変更は，トラム等の導入時やバス路線再編時に生じることが多いとされ，2005年以降でみると毎年，契約更新に伴う受託先の変更が一定程度発生している（表 4 - 6）．

　委託契約では，入札で適用される一般原則に従い，最小限，①契約期間，

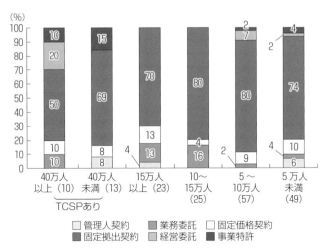

図4-1　都市交通における都市規模別の契約形態（2012年）
出典：GART (2013).

表4-6　2005年以降の受託先変更状況

	2005年	2006年	2007年	2008年	2009年	2010年	2011年	2012年
変更数	7	4	8	9	9	12	5	8
％	25.9%	19.0%	36.4%	30.0%	50.0%	26.1%	18.5%	22.2%

出典：GART (2013).

② サービスの一般的な状況（路線計画や停留所配置，サービス頻度，使用車両），③ サービスの運行条件（営業時間，頻度），④ 運賃，⑤ 都市交通サービスの資金条件（運営企業への報酬，投資［備品と施設］の資金計画），⑥ AOTU が関与・管理する資金を利用する手順，⑦ AOTU 及び運営企業の義務や追加条項，契約変更にかかわる規定，⑧ 契約期間前の中止条件，⑨ 期間満了前の契約解除条件，の各事項が規定される．

　一般的な入札手続きは以下である（図4-2）．まず AOTU 議長と AOTU 議会のメンバーから選出された5名の委員，およびオブザーバーとして AOTU の会計官と監督官庁の代理人から構成される委員会が設立される．AOTU は契約対象となる入札の事前公告を行う．事業者から提出される応募調書をもとに，地方団体は十分な専門能力と資金能力，継続的に公共サービスを提供し，かつ公平性を確保する能力がある候補企業のリストを作成し，サービスの詳細

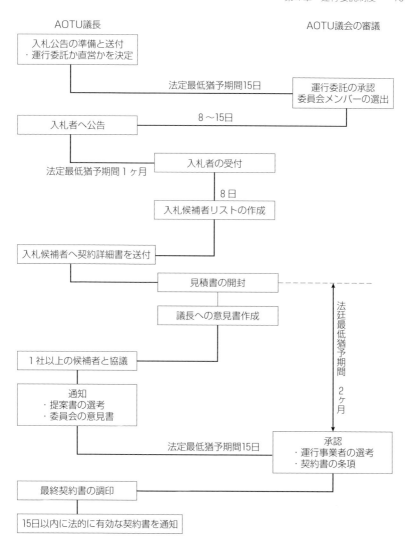

図4‐2　公共サービスの委託　事業者選考の手順

出典：CERTU (2002) p. 31.

表4-7　2005年における契約形態別の平均契約期間

事業特許 (Concession)	経営委託 (Affermage)	固定拠出契約 (Contribution financière forfaitaire)	固定価格契約 (prix for-faitaire)	業務委託 (Régie interessée)	管理人契約 (Gérance)
21.2年	11.1年	7.6年	6.4年	5.9年	5.3年

出典：CERTU（2007a）より筆者作成.

と運賃制度を定めた書類を候補企業に送付する．候補企業による見積書の提出（入札）後，委員会は選考を行い，見積書の分析や入札企業（1社ないし複数）の選考理由，契約の収支状況を付した意見書を提出する．AOTU議長は報告書にもとづき1社以上の入札企業と自由に交渉を行い，AOTU議会の審議を経て契約書に署名し，受託企業が決定する．運行企業の選定は必ずしも金額による入札だけではなく，事業計画，雇用人数などサービス内容にも踏み込んだ提案によって行われている．

　1993年1月の「サパン法」第40条で契約期間の上限が定められた[6]．具体的な期間は自治体が契約時に決定しており，5年，8年，10年などの期間が存在する（表4-7）．施設の建設，管理，運営の全てを受託企業のリスクで行う事業特許で，契約期間が長くなる傾向にある．一方，事業者のリスク負担が小さい費用積上契約（管理人契約や業務委託）では，契約期間は相対的に短くなっている．例えば，2002年11月にTVRを新規に開業したカン（Caen）では，契約期間を30年間として，施設建設や車両の納入をボンバルディア社とSPIE（建設会社）の子会社であるSTVRが担当し，実際の運行はKEOLIS社の子会社であるTwistoが行っている．委託会社の変更は行わないが，5年ごとに条件の細部は変更される契約になっている．

　運転手などの現業職員については，AOTUに登録された非公務員身分の職員の雇用が義務づけられている．さらに彼らの雇用条件などは，全国労働協約（「都市公共旅客交通ネットワークの全国労働協約」［Convention collective nationale des réseaux de transports publics urbains de voyageurs］）の取決めに準拠する必要があり，受託企業の裁量の余地は小さい．運行会社が契約を受託する際に他社と差別化するポイントも，①生産性の向上，②会社の利益率などに限定されており，会社間の競争は非常に厳しいといわれる．企業の変更は，トラムの新規導入時

など，地域の交通体系が大きく変化する時に生じることが多いとされる．一方，
厳しい競争環境にあるフランス国内で経験を積むことが，海外で同種事業を展
開できることにつながっていると，KEOLIS社の担当者は指摘する[7]．

（2）委託契約の理論分析

　フランスの都市交通における運行委託契約は，都市ごとの契約詳細はそれぞ
れ異なり，また複雑だが，大きく純費用契約（Convention à contribution finan-
cière forfaittaire: net cost contracts）と総費用契約（Conventions à prix ou montant
forfaitaire: gross cost contracts），管理人契約（Contrat de gérance: management con-
tracts）の3パターンに分けられる（表4-8）．これは利用者需要の変動により
もたらされるコマーシャル・リスク（Commercial risk）と運営費支出に関する
リスクであるインダストリアル・リスク（Industrial risk）をAOTUと運行を受
託した事業者のどちらが負担するか，又はどの程度負担するかに依存している．
受託企業が運賃収入を得る純費用契約では，事業者はコマーシャル・リスクと
インダストリアル・リスクの双方を負担しているが，総費用契約では事業者は
インダストリアル・リスクのみを負担すると単純化できる．この場合，
AOTUは実際の費用にかかわらず，事前に予想した年間運営費をもとに一定
額を受託企業に支払う．実際の契約では，これに加え輸送実績やサービス品質
（運休や遅延の程度など）に応じて，受託企業にボーナスやペナルティを課すこと
も行われている．一方，管理人契約では，すべてのリスク（コマーシャル・リス
クとインダストリアル・リスク）をAOTUが負担しており，事業者は事後に確定
する支出額を受け取る．管理人契約では，受託企業は日常的な交通サービスの
運行と管理業務のみを行う．事業成果に応じて報酬が変動する仕組みはなく，
契約書に定められた規定額を得る形態が一般的である．

表4-8　都市公共交通における契約タイプとリスクの負担

		インダストリアル・リスクの負担	コマーシャル・リスクの負担
固定価格契約	純費用契約	事業者（受託企業）	事業者（受託企業）
	総費用契約	事業者（受託企業）	AOTU（地方自治体）
費用積上契約	管理人契約	AOTU（地方自治体）	AOTU（地方自治体）

出典：William and Yvrande-Billon（2007）p. 262を一部修正.

契約理論では，一般的に受託企業の経営効率を改善するインセンティブについて，純費用契約や総費用契約を含む固定価格契約（Fixed-price contracts）と，管理人契約である費用積上契約（Cost-plus contracts）に分けて分析している[8]．通常，事業者の負担するリスクが大きく，経営努力の余地が大きい固定価格契約は，費用積上契約よりも経営効率化インセンティブが大きいとされる．

ここで都市交通の生産関数を以下のような単純なかたちで定義して，フランスの委託契約制度の特徴を検討しよう．

$$Y = f(L, M, K, S)$$

Y＝交通サービスの生産量，L＝労働（人件費），M＝燃料など物品の購入費，
K＝資本費（車両など），S＝運転手の対応，経営管理などのノウハウ

フランスの特徴として，資本費（K）に相当する部分は AOTU（又は自治体）の責任で提供されるのが原則である．また経常支出に占める割合が高い人件費は，雇用条件などと共に全国労働協約により全国的に取り決められ，受託した事業者による裁量の余地はあまり無い（後述）．市場メカニズムが機能しにくい交通サービス分野では，受託企業が効率的な経営を行っているかを自治体が把握することは困難であり，情報の非対称性に起因する種々の問題が発生しやすい．競争入札制度の採用は，この問題を解決する1つの方法だが，資本費と人件費に相当する部分が事実上，事業者の裁量範囲外であるフランスの制度は，多少異なる一面を示す．すなわち AOTU と受託企業の間で効率性改善が生じる可能性があるのは，支出額に占める比率が比較的小さい物品の購入費（M）やノウハウなどのソフト面（S）だけである．これは契約更新時の施設や人員の引き継ぎ，再投資の問題など，入札制に伴う課題を回避し易い反面，企業にとり効率性を改善できる余地が大きくないとも言える．

フランスの都市内公共交通について，組織形態や委託契約形態に基づく技術効率性の差異を1995年から2002年までの計165ネットワークについて確率フロンティアモデルを用いて検証した実証研究（William and Yvrande-Billon [2007]）では，公営事業者と第三セクター企業は民間事業者よりも技術上の非効率性がより大きく（1％水準で有意），また費用積上契約（管理人契約）を結ぶ民間事業

者は，固定価格契約を結ぶ民間事業者よりも低い技術効率性（生産フロンティからの乖離）にあることが統計的に示された．ただし費用積上契約と固定価格契約の差異は有意水準20％でのみ有意であり，弱い支持である[9]．分析当時（2002年）のフランスにおける公共交通の運行形態は，直営と公営企業（EPIC）が合計10％であり，残り90％が第三セクター企業か民間企業への委託契約で占められた．これら契約は，1970年代には全て管理人契約で占められていたが，この比率は80年代に60％，90年代には25％へ減少した．2002年は，純費用契約（51％），総費用契約（27％），管理人契約（20％），事業特許（2％）となっており，より経営効率を高める方式が採用される傾向にあると述べている．

5　運行委託契約制度を支える労働協約制度

（1）運行委託契約制度における労働協約の表裏一体性

　上述の運行委託契約制度は，現業職員を公務員として自治体が直接雇用せず，かつ寡占的とはいえ運行委託契約をめぐる民間企業どうしの競争を可能にするため，AOTU が効率的に都市内公共交通サービスの供給を実現する優れたシステムと言えよう．

　しかし，労働者のデモ，ストライキが絶えないフランスにおいて委託システムが機能する背景には，運行受託企業が代わっても現業職員が失職することがないという全国労働協約による制度的保証が指摘できる．この全国労働協約の存在が管理職から研修生，有期契約職員を含むほぼすべての現業職員の雇用と待遇を保証し，都市交通サービスの供給にかかる経常費用の6割を占める人件費があらかじめ固定される構造を生んでいる．受託企業には，その親会社から派遣される企画・管理のためのごく少数の社員の他は，大半の従業員は上述のような現業職員だからである．その結果，フランス型制度は，受託者側の経営努力の余地を著しく小さくしている．

（2）労働協約制度

　フランスでは，1936年以降，企業と労働者との間で結ばれる「労働協約に真に規範としての地位が認められ」（ムレ［2006］p. 27）ている．この協約は，「労

働組合に加入していなくても，また労働協約に署名していない組合に加入していても，企業・職種に属するすべての労働者は当該労働協約上の規定の適用を受ける」（ムレ［2006］p. 27）ことが特徴とされている．

　都市圏の公共旅客交通に関しては，1986年 7 月 1 日から施行された「都市公共旅客交通ネットワークの全国労働協約」が存在しており，コルシカ島を含むフランス本土の都市圏全体に適用され，国立統計経済研究所（INSEE: Institut National de la Statistique et des Etudes Economiques）の職業分類で69.21に含まれる都市公共旅客交通ネットワークの雇用主と被雇用者との間の労務関係を規定している．ただし，RATP の職員は適用対象外である（第 1 条）．この協約で規定される被雇用者には，無期及び有期の労働契約により当該企業とかかわるあらゆる職員が含まれている．無期雇用の職員には，試用期間後に当該企業の正職員として雇用される予定の研修職員，及び正職員が含まれる（第 2 条）．この協約は，「1948年 6 月23日の路面電車，バス及びトロリー・バスに関する全国労働協約並びにその補則及び附則」に代わる協約として策定された経緯を持つ（第 7 条）．

　この全国労働協約では，UTP により指名された雇用主の代表と，全国規模の代表と認められる組合組織及び当該協約の署名者により指名された職員代表との間で，労使同数の調停委員会（Commission paritaire）が構成されることになっており（第 4 条），基本的に UTP に加盟する事業者（フランスの公共交通事業者の約 9 割が加盟）の間では，事業者を問わずほぼ共通の労働契約の枠組みが適用されることが示唆されている．もちろん，地域性は勘案されており，各地域の事業者は，全国労働協約より不利にならない規定を含む協約を，企業委員会（雇用主，組合代表者及び従業員代表者から構成）又はそれに代わる従業員代表に諮ったうえで，関係する組合と結ぶことが認められている（第 6 条）．

　全国労働協約は給与条件も規定しており，学歴に基づく階級，職務に基づく係数及び当該企業での勤続年数に応じた給与体系を明示している（第 2 編第 2 章及び附則）．3 年以内の再雇用の場合には，研修期間を含むこれまでの勤続年数が継続される（第16条及び第17条）．さらに，正職員に重過失がある場合及び集団解雇となる場合を除き，正職員は解雇されないこと（第17条），特例の場合を除き，季節労働又は特別労働のために雇用する職員の数は，当該企業の総職員

数の5％を超えてはならないという規程（第2条）が含まれている.

6　フランスの公共交通運営制度の特徴と課題

　フランスの公共交通制度の特徴や課題を，以下に指摘する．第一に，フランスの公共交通における政策立案や計画，責任はAOTUに帰属するが，実際の運行は，競争入札制度を通じて，民間企業へ委ねる部分が小さくない．路線設定や停留所の設置，運行頻度や運賃などの決定はAOTUの権限だが，運行受託者を決定する入札では，KEOLIS社の事例で示されるように，運行会社側からサービス内容について提案が行われ，比較・検討して最終的に受託企業が決定されるなど，単純な金額比較だけで受託企業が決定される訳ではない．これは全体として公共交通のサービス品質の確保につながる可能性がある．また都市圏で一括受託するため，モード間の乗り継ぎなど，利便性向上を図ることも容易である．一方，権限が異なる都市交通圏と広域交通（県間や地域圏）との間では必ずしも十分な連携が取れないという課題もある.

　第二に受託契約については，事業者がリスクの多くを負担する効率的な契約形態（総費用契約や純費用契約）が，特にTCSPを保有する規模の大きな都市圏で採用される傾向にある．ただし給与などの労働条件については全国労働協約に拘束されている．運行管理者やバス運転手など受託企業の職員の大部分は現地採用職員であり，運行受託企業の変更にかかわらず雇用や給与などの労働条件は，協約で保証されている．日本で話題になる入札制度とは，かなり様相が異なる．施設の固定費や労務関係の人件費を事業者がコントロールできず，企業の裁量余地は極めて小さい．また車両や施設などのインフラ整備についてはAOTUの責任で整備することが原則である．ただしトラムなど軌道系交通機関で大きな費用割合を占める固定費は，公的機関が負担している一方，バス車両や小規模施設の整備は受託企業が負担することも多い．企業による負担の範囲や金額はすべて契約書で規定されている.

　さらに入札実施にあたり，事前に企業が行う調査費用や契約書作成に要する費用は多額になる点も指摘できる．例えばKEOLIS社では，各地の運行会社に管理職として赴く人を除くと，本社の社員は，契約部門や調査部門の職員が

多数を占めている．受託企業の裁量範囲が小さいことと，事前調査や契約にあたり多額の費用を要する点は，契約期間満了後に受託企業の変更を生じにくくさせることや，大手企業グループへ委託が集中したり，中小企業による新規受託を難しくしている一因であると考えられる．

　1985年以降，フランスの諸都市では積極的にトラムや新しいバス・システムが導入されてきた．このような動向は，都市内公共交通の復権という観点のみならず，市内均一運賃や民間事業者への運行委託という制度的側面からも日本では高く評価されてきた．しかし，委託制度の実態を精査してみると，一見，事業者がリスクの多くを負う効率的な契約形態が採用されているが，実際には，AOTU がインフラ部分を所有し，かつ，全国労働協約が存在することから，事業者が裁量によりコントロールできる費用の割合は極めて小さなものである．その意味で，競争入札制度がどれだけ有効に機能しているのか疑問が残る．

　交通政策の立案や責任を自治体が保有し，運行は民間企業が1社で受託していることは，運賃共通制度や乗り継ぎの利便性向上など，多くの利点をもたらしている．フランスでは複数コミューンが連合して AOTU を組織することが多く，人口比で示されるように，県内輸送全体に占める都市圏交通の比率は，非常に大きなものになっている．

　一方，権限が異なる都市圏交通と県間交通，地域間輸送である TER との間で，協調した政策展開が困難であるという課題も抱えている．例えば，県間交通を担うバスが，都市内で乗降できないようクローズド区間を設ける必要が生じたり，トラムが SNCF に乗り入れるトラム・トランの計画がなかなか進展しないなどの問題を見ることができる．

注
1）　本章は，青木・湧口（2008a）（2009a）（2009b）に加筆修正を加えたものである．
2）　1997年の鉄道改革で輸送サービスの提供と駅の運営を担う SNCF と，インフラ所有者である RFF（Réseau ferré de France）に上下分離されたが，2015年1月の組織改革により，輸送業務を担当する SNCF Mobilités と，鉄道インフラ管理を担当する SNCF Réseau，両者を統括・調整する SNCF Epic から構成される SNCF グループに再編された．
3）　2005年当時は，フランス国内75都市で都市内交通事業を受託していた．10万人以上の都市圏に限定すると22都市におよぶ．

4） 現在は TRANSDEV 系の会社が受託している．

5） GART（2013）による．

6） 「サパン法」第40条では，「公共サービスの委託契約期間は期限を限ることができる．この期限は，受託者に要請される負担に応じて共同体により決定される．施設が受託者の負担となっているときには，契約期間の決定に関し，委託契約は実現する投資の性質および金額を考慮し，設置する施設の標準的耐用年数を超えてはならない．」水道，下水道，ごみ処理に関しては，同条文で原則20年以下と定められている．

7） 2008年3月に実施した著者らによるヒヤリング調査での意見．

8） Laffont, J.-J. and J. Tirole（1994）などを参照のこと．

9） 総費用契約と純費用契約における効率性差異の分析では，直感と異なり総費用契約の方が好ましいという結果が示された．これについて論文では，純費用契約で規制される事業者は費用最小化を目的とするよりも収入最大化に焦点を当てる傾向があり，収入リスクを考慮しない総費用契約のもとにある事業者よりも技術効率性が低くなると結論づけている．

第5章　トラム導入の成果

1　トラム建設の資金負担状況

　フランスにおける都市交通の考え方は，事業収支に力点を置く日本とは大きく異なる．フランスの場合，1982年の「国内交通基本法」（LOTI: Loi d'orientation des transports intérieurs）に基づき各都市圏に都市圏交通計画（PDU: Plan de Déplacement Urbain）を策定することになり，その後の大気法（LAURE法：Loi n°96-1236 du 30 décembre 1996 sur l'Air et l'Utilisation Rationnelle de l' Energie, 大 気とエネルギーの効率的な利用に関する法律）においてPDU策定を義務付けたことで，新たな軌道系交通機関の整備が急速に進んだ[1]．作成された各都市圏のPDUでは交通政策の目標を交通権の実現に置いている．例えば2000年2月に承認されたルアン（Rouen）のPDUでは，自動車所有の抑制や公害・事故の削減を目指し，公共交通の利用促進や利便性向上を中心とする対応策が強調されており，事業収支は交通政策の目的として言及されていない[2]．整備により公共交通利用者をどれだけ確保，増加させられるかが重要な政策課題になっている．

　最初に青木，湧口（2010）をもとに，フランスにおける資金調達状況を論じる．イル・ド・フランス（Île-de-France）地域圏を除くフランス都市交通の財務状況を概観すると（**表5-1**），2002財政年度では「交通負担金」（VT: Versement destiné aux Transports）が投資部門の半分以上53.9％を占めている．その他の財源は，地方自治体や国からの補助金，借入である．運賃収入は，投資勘定には充当されない．同様に，運営費に関してVTは2002財政年度で41.4％を占める．各都市で高齢者や学生などを対象に社会政策的観点から割引運賃が導入されていることもあり，運賃収入を含む営業収入で賄われる比率は，2002年度で24.6％にすぎない．投資と運行費の合計で，VTは45.0％（2002財政年度）を占める最大の財源である．

表5-1 2002年のイル・ド・フランス地域圏を除くフランスの都市交通におけ
る財源構成

100万ユーロ

運行費	投資		運行費	
	総額	%	総額	%
運賃収入	—	—	712	24.6
VT（交通負担金）	645	53.9	1,199	41.4
地方自治体の負担	299	25.0	417	14.4
国	109	9.1	63	2.1
その他	144	12.0	506	17.5
小計	1,197	100	2,897	100
総額				
運賃収入	712（17.4%）			
VT（交通負担金）	1,844（45.0%）			
地方自治体の負担	716（17.5%）			
国	172（ 4.2%）			
その他（借入を含む）	651（15.9%）			
総計	4,094（100%）			

出典：Journaux Officiels（2005）より筆者作成.

　VT が最大の財源であることは，2002年に限らず，フランスの都市交通で普
遍的にみられる．例えば GART（2013）より2012年の状況を見ると，VT が35
億2600万ユーロで全体の39.8%を占め，次いで地方自治体（27億2,400万ユーロ，
30.8%），営業収入（12億7,400万ユーロ，14.4%），公債（11億7,400万ユーロ，13.3%），
国（1億5,900万ユーロ，1.8%）である[3]．GART データは公債を含めたものである
ため，前述（2002年度）の数値を比較すると，VT の比率が低くなっている．し
かし2005年以降の都市交通財源の変化を見ても傾向に差はない．VT は毎年4
割程度を占める一方，営業収入の占める比率は毎年2割弱である（図5-1）．
　2004財政年度からインフラへの国庫補助金が廃止されたが[4]，国庫補助の大部
分は TCSP 整備に伴うものであり，国庫補助の減少により地方自治体からの
繰り入れが増加する傾向にある．ちなみに地方都市の公共交通に対する国庫補
助は，2009年財政法で復活した．
　より詳細に分析するため，個別に都市交通圏ごとの状況を見よう．1985年に
10.5 km のトラム路線が開業したナント（Nantes）では，建設費5億9,020万フ
ランのうち，国庫補助と交通負担金がそれぞれ2億2,015万フラン（37.3%）を

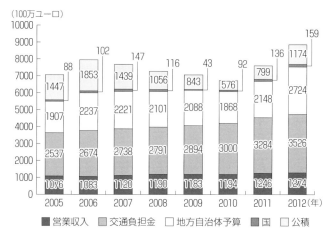

(100万ユーロ)

■営業収入　■交通負担金　□地方自治体予算　■国　□公積

図5-1　都市交通財源の推移（金額）

注：2012年価格で実質化.
出典：GART（2012）より筆者作成.

表5-2　ナント1号線の費用負担　100万フラン

国	220.15	37.3%
VT（交通負担金）	220.15	37.3%
事業者（SITPAN）	149.9	25.4%
合計	590.2	100.0%

出典：西村・服部（2000）より筆者作成.

表5-3　ルアンのトラムの建設費負担　100万フラン

国・県等からの補助金	555.3	20.9%
都市圏からの税金（VT・一般財源）	1042.5	39.2%
事業者（シメトラ）の出資金	50.0	1.9%
コンセッション会社の負担	1008.4	38.0%
合計	2656.2	100.0%

出典：Orselli（2004）より筆者作成.

占めており，両費目で合計74.6％とほぼ3/4に達する（**表5-2**）．また1994年に2路線11 km が開業したルアンの場合，26億5,620万フランの建設費のうち，国や県，都市圏の負担は15億9,780万フラン，全体の60.2％に達している（**表5-3**）．

　表5-4では，フランスでトラムやBHNS（Bus à Haut Niveau de Service，高品

表5‐4　主要都市における交通事業の収入内訳（2010年，2012年）

	都市圏 下段は2012年人口		2010年	(%)	2012年	(%)
地下鉄、VALあり	リヨン 131.4万人	運賃収入 補助金 その他	160,558 150,079 26,452	47.6 44.5 7.8	182,130 171,152 13,439	49.7 46.7 3.7
	リール 112.9万人	運賃収入 補助金 その他	66,599 167,195 27,107	25.5 64.1 10.4	74,837 206,815 25,571	24.4 67.3 8.3
	マルセイユ 105.2万人	運賃収入 補助金 その他	77,334 167,432 45,685	26.6 57.6 15.7	77,134 204,080 44,617	23.7 62.6 13.7
	トゥールーズ 92.4万人	運賃収入 補助金 その他	50,501 113,174 16,243	28.1 62.9 9.0	58,350 134,200 18,041	27.7 63.7 8.6
	レンヌ 41.4万人	運賃収入 補助金 その他	27,821 57,684 2,533	31.6 65.5 2.9	32,497 61,407 3,178	33.5 63.3 3.3
トラムあり	ボルドー 72.2万人	運賃収入 補助金 その他	43,962 111,524 9,827	26.6 67.5 5.9	51,916 122,290 3,816	29.2 68.7 2.1
	ナント 60.4万人	運賃収入 補助金 その他	42,792 84,949 8,203	31.5 62.5 6.0	48,619 90,672 13,057	31.9 59.5 8.6
	ニース 53.8万人	運賃収入 補助金 その他	33,686 67,044 17,003	28.6 56.9 14.4	38,209 84,289 6,358	29.7 65.4 4.9
	ルアン 49.6万人	運賃収入 補助金 その他	20,068 59,323 10,972	22.2 65.6 12.1	22,988 68,134 9,072	22.9 68.0 9.1
	ストラスブール 47.6万人	運賃収入 補助金 その他	38,568 79,950 65,513	21.0 43.4 35.6	44,807 82,091 53,118	24.9 45.6 29.5
	モンペリエ 42.4万人	運賃収入 補助金 その他	28,580 45,183 9,850	34.2 54.0 11.8	33,736 51,757 8,287	36.0 55.2 8.8
	グルノーブル 40.6万人	運賃収入 補助金 その他	29,545 68,563 8,896	27.6 64.1 8.3	30,361 75,693 9,465	26.3 65.5 8.2

	サンテチエンヌ 38.1万人	運賃収入 補助金 その他	15,933 37,461 3,114	28.2 66.3 5.5	16,902 40,337 1,183	28.9 69.0 2.0
	バランシェンヌ 34.8万人	運賃収入 補助金 その他	6,916 34,467 12,451	12.8 64.0 23.1	6,922 34,839 20,204	11.2 56.2 32.6
	オルレアン 28.1万人	運賃収入 補助金 その他	17,731 39,171 2,676	29.8 65.7 4.5	15,002 49,114 1,614	22.8 74.7 2.5
B H N S あり	クレルモンフェラン 29.0万人	運賃収入 補助金 その他	14,777 32,727 2,074	29.8 66.0 4.2	15,311 36,265 2,979	28.1 66.5 5.5
	カン 22.2万人	運賃収入 補助金 その他	8,819 34,195 3,668	18.9 73.3 7.9	9,749 35,596 3,837	19.8 72.4 7.8
	ナンシー 26.3万人	運賃収入 補助金 その他	16,361 33,812 6,324	29.0 59.8 11.2	16,582 34,939 6,496	28.6 60.2 11.2
	ドーエー 19.6万人	運賃収入 補助金 その他	2,161 13,961 2,417	11.7 75.3 13.0	2,310 15,824 2,058	11.4 78.4 10.2

注：運賃収入，補助金，その他の単位は1000ユーロ.
出典：CERTU（2011）（2013）より筆者作成.

質なバス・サービス）を導入している主要都市圏の収入内訳を2010年と2012年について概観した．比較的人口規模が大きく公共交通利用者が多いこともあり，運賃収入比率が相対的に高い都市圏が多いが，それでも多くの場合，その比率は全体の3割前後である．2010年と2012年を比較しても，大きな差異はない．運賃収入が全体の半分弱（2012年で49.7％）を占めるリヨン（Lyon）は例外であり，バランシェンヌ（Valenciennes）のように1割程度（2012年で11.2％）の都市圏も存在する．最大の費目は自治体等からの補助金（VTを含む）であり，多くの都市圏で6割〜7割前後の高い比率に達している．最も高いオルレアン（Orléans）では74.7％（2012年）に達する．このように運賃収入の比率が低く，補助金に依存する傾向はフランスの都市公共交通の特徴と言える．

2 利用状況からみたトラム導入の成果

　成果指標の１つである公共交通の利用状況を見るため，2007年と2010年，2012年の都市圏別の住民１人あたり走行キロと都市交通利用回数，キロあたり営業費の変化を概観する（**表5‐5**）[5)]．第一に，大量輸送という公共交通の特性を反映し，都市圏の人口規模が大きいほど，都市交通の供給量と利用量を示す１人あたり走行キロと利用回数は増大する傾向にある．人口30万人以上や10〜30万人の都市圏では TCSP（専用敷を走行する公共交通機関，本章注１参照）が整備されていることが多いが，それ以下の人口規模の都市圏を比較すると，走行キロと利用回数に大きな差異が生じている．2012年の１人あたり走行キロをみると，人口30万人以上の都市圏で34.8 km，10〜30万人の都市圏で33.1 km，5〜10万人の都市圏で15.1 km，人口５万人未満の都市圏で12.1 km であり，人口規模が拡大するにつれ，公共交通の供給量は増加している．さらに都市圏人口30万人以上と人口５万人未満における１人あたり走行キロの間には２倍以上の差が存在する．都市圏人口10万人を境に，都市交通の供給量に大きな差異があると言える．

　2012年の１人あたり都市交通利用回数は，人口30万人以上の都市圏で162.4回，10〜30万人の都市圏で85.9回，5〜10万人の都市圏で23.0回，人口５万人未満の都市圏で27.2回である．人口５〜10万人の都市圏で2012年の利用回数が2007年や2010年と比べて大きく落ち込んでいるが，これを除くと，こちらも人口規模拡大とともに，公共交通の利用が増加する傾向が顕著に表れている．人口30万人以上と５万人未満の都市圏では，数値に６倍近い差（5.97倍）が存在する．また供給量と同様，人口10万人を境に大きな差が生じている．

　一方，キロあたり営業費をみると，人口規模の大きい都市圏ほど費用も増加傾向にある．2012年のキロあたり営業費は，人口30万人以上の都市圏で6.4ユーロ，10〜30万人の都市圏で4.7ユーロ，5〜10万人の都市圏で3.7ユーロ，人口５万人未満の都市圏で3.5ユーロである．人口規模とともに費用は増加するが，人口30万人以上と５万人未満の都市圏を比較しても1.8倍程度の差であり，規模による差は走行キロや利用回数ほど顕著ではない．費用増加の要因として

表5-5　人口規模，モード特性別にみた都市交通の状況

		住民1人あたり 走行キロ（km）			住民1人あたり 都市交通利用回数(回)			キロあたり営業費 （ユーロ）		
		2007	2010	2012	2007	2010	2012	2007	2010	2012
人口30万人以上		32.4	33.0	34.8	148.1	150.9	162.4	5.75	6.55	6.4
変化率（%）		–	1.9	5.5	–	1.9	7.6	–	13.9	−2.3
人口10～30万人		31.1	30.7	33.1	76.8	74.3	85.9	4.06	4.63	4.7
変化率（%）		–	−1.3	7.8	–	−3.3	15.6	–	14.0	1.5
人口5～10万人		16.6	18.7	15.1	35.4	37.8	23.0	3.44	3.91	3.7
変化率（%）		–	12.7	−19.3	–	6.8	−39.2	–	13.7	−5.4
人口5万人未満		12.6	14.3	12.1	18.9	20.9	27.2	3.06	4.63	3.5
変化率（%）		–	13.5	−15.4	–	10.6	30.1	–	51.3	−24.4
全体		27.7	28.9	33.4	95.0	100.4	135.0	4.79	5.52	5.4
変化率（%）		–	4.3	15.6	–	5.7	34.5	–	15.2	-2.2
人口30万人以上	地下鉄/VALあり	34.7	36.7	38.3	176.8	188.5	197.0	6.23	6.45	6.73
	変化率（%）	–	5.8	4.4	–	6.6	4.5	–	3.5	4.3
	トラムあり	33.0	33.6	34.3	145.2	137.6	149.5	5.68	6.08	6.4
	変化率（%）	–	1.8	2.1	–	−5.2	8.6	–	7.0	5.3
	TCSPなし	26.2	23.1	25.2	59.9	51.4	51.8	4.22	4.38	4.79
	変化率（%）	–	−11.8	9.1	–	−14.2	0.8	–	3.8	9.4
クレルモンフェラン， カン，ナンシー		32.3	33.8	34.9	97.3	104.3	109.4	5.49	5.67	6.02
変化率（%）		–	4.6	3.3	–	7.2	4.9	–	3.3	6.2

出典：CERTU（2008）（2011）（2013）より筆者作成.

は，燃料費上昇なども指摘されるが，フリークエンシー確保や設備の改善，無料乗車イベントの開催など，利用促進にむけた施策に伴う要因も大きい.

　次に都市圏ごとに特性を詳しくみていく．人口30万人以上の都市圏で地下鉄やVALを保有する都市圏とトラムのある都市圏，地下鉄やトラムが存在せずTCSPのない都市圏に分類し，さらに人口20万人台であるが2000年代半ばまでにTVRなどを整備したクレルモンフェラン（Clermont-Ferrand），カン（Caen），ナンシー（Nancy）を1グループとして，計4グループについて比較した.[6]2007年と2010年，2012年を比較すると，走行キロと都市交通利用回数，営業費共に，地下鉄やVAL，トラムを保有する都市圏では増加傾向にある．一方，TCSPを保有しない都市圏では，供給量を示す1人あたり走行キロはほぼ横ば

いであるが，1人あたり利用回数は微減，キロあたり営業費は増加傾向にある．また地下鉄やVALを保有する都市圏は，1人あたり走行キロ，1人あたり都市交通利用回数，キロあたり営業費の3指標ほぼ全てで，人口30万人以上の都市圏の平均を上回っている一方（例外は2010年のキロあたり営業費のみ），TCSPを保有しない都市圏は，3指標全てで都市圏の平均を下回っている．トラムを保有する都市圏は，平均と顕著な差は確認できない．クレルモンフェラン，カン，ナンシーの数値は，トラムを保有する都市圏と1人あたり走行キロはほぼ同水準ながら，利用回数や営業費は低い水準にあり，人口30万人以上でトラムのある都市圏とTCSPのない都市圏の中間に位置している．

すなわち，トラムなど高品質な公共交通サービスを整備することは供給力を増加させ（サービス水準向上），公共交通の利用促進につながり，ひいてはPDUの目標達成に貢献する一方，費用増大を招いていると見なすことが出来る．

3　モード別の利用比率からみたトラム整備の効果

本節では，都市の規模別，特性別の交通手段分担率の変化からトラム整備の成果を推測する（図5-2，図5-3）．10～100万人都市圏の都心，郊外，外縁部と，10万人未満の都市圏の中心部と外縁部における1994年と2008年のデータで比較する[7]．日本と比較するとフランスの自動車分担率は高いが[8]，データの中で唯一，人口10～100万人都市圏の都心部で，自動車分担率が62.3%（1994年）から60.8%（2008年）へ低下している．TCSPが整備された都市圏が多く，大量輸送が可能で公共交通機関が効率的に運行しやすい地域である．10～100万人都市圏でも，郊外（80.3%→82.4%）や外縁部（86.4%→89.5%）では，それぞれ自動車分担率が上昇している．また10万人未満の都市圏では，中心部と外縁部共に自動車分担率が上昇しており，分担率の低下は，相対的に道路渋滞が激しく，また公共交通の利便性が高い大都市圏の都心部に限定される．ただし10～100万人都市圏の都心部でも，単純に公共交通整備が要因で自動車分担率が低下していると結論づけられないことに注意が必要である．10～100万人都市圏の都心部と10万人未満都市圏の中心部における公共交通分担率を比較すると，減少率は5%と相対的に小さいものの，10～100万人都市圏の都心部でも公共

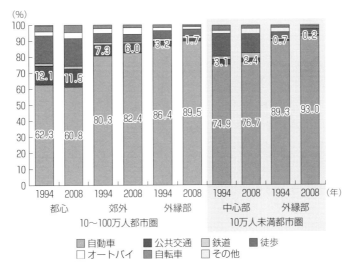

図5-2　都市圏における交通手段分担率

出典：CERTU（2012）より筆者作成.

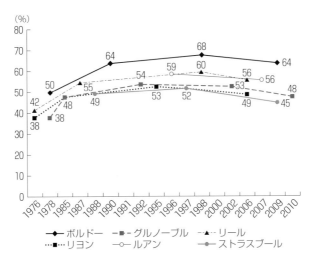

図5-3　主要都市圏における自動車分担率の推移

出典：CERTU（2012）より筆者作成.

交通分担率は12.1％から11.5％へ減少している．10〜100万人都市圏の都心部で増加しているモードは，オートバイ（2.4％から3.5％へ増加）や自転車（3.8％から4.9％へ増加）である．

一方，主要都市圏における自動車分担率の推移をみると，TCSPが整備されているボルドー，グルノーブル，リール，リヨン，ルアン，ストラスブールの各都市圏で，整備が行われ成果が現れてきた2000年前後を境に，自動車分担率が低下する傾向にある．自動車分担率の低下は，道路渋滞などの外的要因だけでなく，TCSP整備や自動車利用を抑制する施策が総合的に実施されたことに伴い生じた一つの成果と考えられる[9]．

4 計量分析からみるフランスの都市内公共交通

本節では，宇都宮・青木（2015）より，フランスの都市内公共交通について，計量分析を行った結果を記述する．研究では，CERTU[10]の「Transports collectifs urbains: annuaire statistique」掲載データのうち，イル・ド・フランス地域圏を除く32都市圏のデータに，国立統計経済研究所（INSEE: Institut National de la Statistique et des Études Économiques）が公表している人口，物価指数等のマクロデータを付加した1998年から2010年までのパネル・データベースを作成した[11]．ここでは，フランスが近年整備を進めている軌道系交通機関の効果を確認するため，TCSPの導入が想定される一定規模の都市圏を対象とした．具体的には，TCSPを導入した都市圏で最も人口が少ないル・マン都市圏を上回る規模の32都市圏が対象となっている．一方，古くから鉄軌道網が整備され，他の都市圏とは人口規模や法制度が異なるイル・ド・フランス地域圏は対象外としている．

都市圏により管轄するコミューン（市町村）数は100を超える所から1桁のところまで様々である（表5-6）．規模では，リヨンが最大で，都市圏人口130万人，地域公共交通の年間利用者数は4億人を越え，次にリール都市圏，マルセイユ都市圏と続く．また，利用者の多い都市圏には軌道系交通機関も整備されており，対象とした32都市圏のうち，20都市圏（2010年）で軌道系交通機関が導入されている．さらに，軌道系の利用者比率が5割を超える都市圏も多い．

表5-6　フランスの都市圏の概要（2010年）

都市圏名	コミューン数	都市圏人口（千人）	利用者数（百万人）	うち軌道系	座席キロ（百万）	利用者／座席キロ	平均運賃（€）	運賃収入比率（%）
Lyon	64	1,312	412	259	6,837	0.060	0.40	47.6
Lille	85	1,122	155	105	5,103	0.030	NA	37.2
Marseille	6	945	154	NA	3,568	0.043	0.66	26.6
Toulouse	84	869	141	97	3,594	0.039	0.54	28.1
Nantes	24	597	113	64	2,243	0.050	0.45	31.5
Bordeauxx	27	719	103	62	3,762	0.027	0.48	26.6
Strasbourg	28	475	100	63	2,963	0.034	0.44	20.9
Grenoble	27	404	73	41	1,769	0.041	0.42	27.6
Rennes	37	401	68	30	1,412	0.048	0.54	31.6
Montpellier	29	411	62	42	1,244	0.050	0.48	33.7
Nice	27	532	58	23	1,052	0.055	0.66	28.6
Rouen	71	495	46	15	1,578	0.029	0.48	23.3
Saint-Etienne	39	379	40	20	983	0.041	0.40	28.2
Clermont-Ferrand	15	256	35	15	941	0.038	0.43	29.8
Reims	6	214	29	—	660	0.044	0.45	32.8
Caen	29	223	27	12	1,144	0.024	0.40	18.9
Angers	30	271	26	—	989	0.026	0.41	24.0
Toulon	12	431	26	—	697	0.037	0.70	27.3
Nancy	20	263	25	10	904	0.028	0.76	29.0
Orleans	22	279	25	10	1,228	0.020	0.74	29.8
Tours	25	305	24	—	1,041	0.023	0.65	35.8
Mans	9	189	24	12	933	0.026	0.48	27.4
Mulhouse	32	256	24	13	804	0.030	0.39	22.8
Valenciennes	75	347	19	6	890	0.022	0.36	12.8
Brest	8	214	18	—	694	0.026	0.48	23.8
Lorient	19	192	17	—	565	0.030	0.40	20.5
Nimes	27	234	16	—	491	0.033	NA	11.1
Lens	115	601	15	—	552	0.028	0.73	9.9
Metz	40	225	15	—	723	0.021	0.67	31.3
Dunkerque	16	202	15	—	534	0.027	0.64	16.5
Limoges	17	199	13	—	449	0.028	0.47	25.1
Douai	46	199	4	—	273	0.015	0.53	11.7
都市圏平均（2010年）	35	430	60	–	1582	0.034	0.52	26.0
都市圏平均（1998年）	23	373	41	–	1270	0.031	0.44	30.0

出典：宇都宮・青木（2015）.

軌道系交通機関は，新規に建設されたものも含め，それぞれの都市圏の中核として機能していることがわかる．このほか，32都市圏の単純平均でみると平均運賃は1回あたり0.52ユーロと安価であり，運行コストに対する運賃収入の割合は26.0%である．運賃収入の割合が最も大きいリヨンでも，47.6%と5割に

達していない．運賃水準と利用者数に相関はないが，運賃収入比率は利用者数
や都市圏の人口が多いほど，比率が改善するという正の相関関係が弱いながら
観察できる．

　地域公共交通の需要関数の推計は，ドイツの分析を行った宇都宮（2014）と
同様，パネル化した都市圏別データを用いて，一定の予算制約の下で効用最大
化を図ることを前提とした，以下の標準的な関数である．

$$Q_{it} = f(F_{it}, \ G_{it}, \ Y_{it}, \ S_{it}, \ A_{it}, \ D_{it}) \tag{1}$$

　ここで Q_{it} は地域公共交通の利用者数，F_{it} は運賃，G_{it} はガソリン価格，Y_{it}
は一人当たり所得水準，S_{it} は輸送サービス水準，A_{it} は一人当たり自家用車保
有台数，D_{it} は人口動態要因で，添字はそれぞれ i が都市圏，t が年を表す．

　運賃については，各都市圏の 1 回切符の運賃ではなく，運賃収入を有料利用
者で除した 1 人当たりの平均運賃支払い額を用いており，これを消費者物価指
数で実質化している．実質化については，ガソリン価格，所得水準も同様であ
る．また，輸送サービス水準は輸送供給量を示す代理変数として，座席キロを
用いている．これも，公共交通のサービス水準が運行本数や路線網の大きさに
依存するとみなした先行研究に倣ったものである．このほか，所得水準は地域
内総生産，人口動態要因は60歳以上人口でみた高齢化率を用いている．ただし，
都市圏という単位で連続的に人口推移を把握できる資料がないため，既存研究
で一般的な人口規模による基準化は行っていない．このため，コミューン数の
増減によって都市圏そのものの範囲が変動した年は，ダミー変数で処理してい
る．また，これに関連して，地域内総生産，自家用車保有台数，人口動態等も
都市圏別のデータが存在しないため，当該都市圏が属する地域（région）のデー
タを用いている．

　以上の説明変数による推計で期待される符号は，運賃がマイナス，ガソリン
価格がプラス，公共交通のサービス水準がプラス，代替手段としての自家用車
保有台数がマイナスである．一方，所得水準は，公共交通が通常の財と同じで
あればプラスとなるが，公共交通は所得が高い人ほど利用しないという下級財
であることも考えられるため，事前に符号が特定できない．また，高齢化に関
しても，高齢化率の進展は，人々の外出行動を抑える方向に作用すればマイナ

スになるが，高齢化に伴い，自家用車から公共交通へ利用のシフトが生じるの
であれば，プラスとなる可能性もある．

　推計にあたっては，(1)式を対数線形関数と仮定し，都市圏別のクロスセクシ
ョンに固定効果を仮定した時系列方向のパネル回帰式(2)を基本形として推計し
た．アプリオリに固定効果モデルを採用したのは，既に述べたとおり，被説明
変数である利用者数を人口で基準化できていないほか，それぞれの都市圏の地
理的な要因，政治的な要因など，経済的な説明変数では捉えられない差がある
ためである．

$$\ln Q_{it} = a + b_1 \ln F_{it} + b_2 \ln G_{it} + b_3 \ln Y_{it} + b_4 \ln S_{it} + b_5 \ln A_{it} + b_6 (D_{it} - D_{i(t-1)}) + \beta_i + \varepsilon_{it}$$

$$(2)$$

　ここで，人口動態要因は，収集したデータが高齢化率であるため，階差デー
タを説明変数としている．また，(2)式では省略しているが，先に述べたとおり，
都市圏毎に範囲の変動があるため，それぞれの時期の前後の段差を示すダミー
変数が計15含まれているほか，軌道系の導入による利用者への影響をみるため
に，都市圏に軌道系が導入された年以降のケースでダミー変数（以下，この変数
は軌道系ダミーと呼ぶ）を入れている．

　結果は**表5-7**のとおりである．都市圏人口で基準化できないことに関し，
被説明変数の利用者数と説明変数の座席キロに関して，地域の人口で除して，
当該地域の人口変動をある程度勘案したケースと，そのまま人口による基準化
を行わないケースの2通りを推計している．また，輸送供給量と公共交通利用
者数については，輸送供給量の増減が公共交通の利用度合いに影響するという
側面がある反面，公共交通の利用の増減が，事業者の輸送供給量を変化させる
という側面も考えられるため，そのような内生性に対応した二段階最小二乗法
（TSLS）[12] による推計を行っている．これらの結果をみると，いずれのモデルに
おいても，運賃がマイナス，輸送供給量がプラスで有意と期待通りの結果にな
っており，Bresson et al.（2003），Bresson et al.（2004）において短期で0.27～
0.35と推計された運賃の価格弾力性（絶対値）[13] は，0.55～0.73とやや高めの値
になっている．一方，ガソリン価格，自家用車保有台数はマイナスと期待通り
の符号条件ではあるものの，一部のモデルで有意水準10％の棄却がみられる程

表5-7　フランスの推計結果

| | 被説明変数：利用者数／地域人口 | | | | | | | | 被説明変数：利用者数 | | | | | | | |
| | OLS | | TSLS | | OLS | | TSLS | | OLS | | TSLS | | OLS | | TSLS | |
	係数	t値	係数	t値	係数	t値	係数	t値	係数	t値	係数	t値	係数	t値	係数	t値
定数項	-8.97	-7.57***	-7.13	-3.21***	-9.15	-8.81***	-7.36	-3.50***	1.77	0.92	-1.99	-0.81	1.52	0.90	-2.26	-1.06
実質運賃	-0.73	-10.49***	-0.61	-5.15***	-0.70	-9.10***	-0.58	-4.60***	-0.73	-10.22***	-0.59	-4.65***	-0.70	-9.72***	-0.55	-6.15***
実質ガソリン価格	—	—	—	—	-0.05	-1.17	-0.06	-1.70*	—	—	—	—	-0.06	-1.02	-0.07	-1.01
座席キロ／地域人口[注1]	0.06	0.64	0.14	0.72	0.06	0.76	0.14	0.77	0.10	0.87	0.18	0.87	0.11	1.36	0.18	1.97*
1人当たり域内生産	0.31	3.13***	0.62	2.56**	0.31	3.10***	0.62	2.54**	0.36	3.47***	0.72	2.86***	0.36	8.60***	0.72	6.72***
1人当たり自動車台数	-0.03	-0.27	0.08	0.40	-0.04	-0.39	0.06	0.36	0.10	0.60	0.16	0.89	0.09	0.47	0.15	0.70
高齢化率（前期差）	-0.30	-1.73*	-0.36	-1.31	-0.29	-1.69*	-0.36	-1.28	-0.26	-1.41	-0.36	-1.13	-0.26	-0.96	-0.35	-1.18
軌道系ダミー	14.52	3.74***	13.40	2.65***	14.02	4.07***	12.77	2.63***	19.97	3.99***	15.51	2.10**	19.31	5.28***	14.79	3.48**
	0.16	6.22***	0.12	4.57***	0.16	6.17***	0.12	4.55***	0.15	5.66***	0.11	3.93***	0.15	7.60***	0.11	4.31**
回帰の標準誤差	0.08		0.09		0.08		0.09		0.08		0.09		0.08		0.09	
サンプル数	360		360		360		360		360		360		360		360	
計測期間	1999-2010		1999-2010		1999-2010		1999-2010		1999-2010		1999-2010		1999-2010		1999-2010	

注1：「被説明変数：利用者数」の回帰式では、座席キロ。
注2：＊＊＊、＊＊、＊は、それぞれP値が1％、5％、10％以下であることを示す（以下の表も同じ）。
出典：宇都宮、青木 (2015).

表5-8　フランスの推計結果（ダイナミックモデル）

被説明変数	利用者数／地域人口 GMM		利用者数 GMM	
	係数	t値	係数	t値
利用者数（前期）	0.10	2.88***	0.23	5.61***
実質運賃	-0.63	-22.34***	-0.62	-17.09***
実質ガソリン価格	0.02	0.86	0.06	2.42**
座席キロ／地域人口	0.01	0.47	0.03	0.87
1人当たり域内生産	0.08	1.30	0.14	2.09**
1人当たり自動車台数	0.38	2.60(**)	0.60	4.96(***)
高齢化率（前期差）	18.34	9.40***	20.35	8.67***
軌道系ダミー	0.11	4.38***	0.13	5.41***
回帰の標準誤差	0.09		0.10	
サンプル数	330		330	
計測期間	2000-2010		2000-2010	

注1：被説明変数が利用者数の回帰式では，座席キロを使用．
注2：1人当たり自動車台数は，期待と異なる符号で統計的に有意となったため，括弧を付している．
出典：宇都宮，青木（2015）．

度で，その説明力は弱い．また，所得効果の代理変数である地域内総生産は有意とはならず，高齢化率，軌道系ダミーはプラスで有意となっている[14]．

さらに，こうした需要関数は，ダイナミックモデルによって，各説明変数の長期的な影響をみることができることから，一般化積率法（GMM）を用いて，次のモデルの推計も行った[15]．

$$Q_{it} = f(F_{it}, \ G_{it}, \ Y_{it}, \ S_{it}, \ A_{it}, \ D_{it}) + \theta_i Q_{i(t-1)}$$

結果は表5-8のとおりである．これをみると，前期の利用者数が有意になっており，各説明変数が長期的に影響を与えていることが確認できるほか，運賃は期待通りのマイナス符号で有意となっている．ここから運賃の長期の価格弾力性（絶対値）は0.70〜0.81と計算することができる．また，ガソリン価格も期待通りプラスの符号で有意水準5％の棄却のケースもあるが，こちらは弾力性が小さい．また，高齢化率，軌道系ダミーもプラスで有意となっているが，短期のモデルと異なり，モデルによって域内総生産がプラスで有意となるケースがある一方，座席キロでみたサービス水準が有意ではなくなっている．想定と異なる結果は自家用車保有台数で，公共交通の代替手段と考えられる自家用

車がプラスで有意となっている.

　上記のとおり，フランスの都市圏別のデータを用いて地域公共交通の需要を標準的な需要関数で推計すると，全てのモデルで運賃の弾力性（絶対値）は有意に推計されている．しかし，代替手段として想定している自家用車の燃料価格であるガソリン価格の交差弾力性は小さく，統計的に有意でないケースが多いほか，自家用車の保有台数の増加が地域公共交通需要を抑えるということもできない.

　これらの結果から，フランスでは地域公共交通利用と自家用車利用が，通常の代替関係にはないと推論される．その理由は以下である．第一に，軌道系交通機関の急速な整備である．特にトラムは，1985年のナントを皮切りに1980〜90年代に5都市が導入して以降，2000〜12年の間にさらに17都市が導入している．その結果，地域公共交通が乗合バス主体であったかつてのフランスと状況が大きく変化した．しかも，フランスの新しい軌道系交通機関は，旧来型の主に中心市街地に路線を展開する路面電車とは異なり，各都市とも郊外の団地や病院，大学などに路線を乗り入れると共に，大規模なパーク＆ライド設備を郊外に建設することで，末端交通として自家用車を利用する郊外の住民を公共交通に取り込んできたといえる.

　第二に，3節の交通手段分担率のデータより，人口10〜100万人の都市圏の交通モードの選択が，1994年対比で2008年には，都心部で自家用車の利用率が低下する一方，郊外，外縁部では自家用車の利用率が上昇している点である．つまり，都心部とそれ以外の地域で，自動車の位置づけが異なっていると考えられる．一方，運賃の価格弾力性は，特に公共交通の利用が多い都心部においては，徒歩や自転車で代替できるケースも多く，そうしたことが運賃の弾力性を高めていると考えられる.

　1998年から2010年の間は，新たに軌道系交通機関が導入された都市圏が多く，[16]それらの時期についてダミー変数を用いたところ，いずれの推計においてもプラスで有意になっている．TCSP導入により，自動車から公共交通への転換，公共交通の利用者増を促したという結果がルアンやナントなど個別都市の事例として報告されていたが，[17]こうした事実がある程度普遍的な事象であることを示唆している.[18]

注

1 ） フランスでは，1982年 7 月 2 日のアレテ（省令）（arrêté du 2 juillet 1982）で路面
電車や新交通システム（VAL）など，専用敷を走行する公共交通機関を TCSP（Trans-
port en Commun en Site Propre）と定めた．2009年 5 月18日のアレテ（arrêté du 18
mai 2009）で対象に BHNS（Bus à Haut Niveau de Service，高品質なバス・サービ
ス）と呼ばれる BRT（Bus Rapid Transit）が含まれた．

2 ） Communsuté Agglomeration Rouennaise（2000）による．

3 ） 公債を含まない場合，2012年の交通負担金の比率は45.9％である．

4 ） 例えば，2003年の国庫補助額 1 億3400万ユーロのうち TCSP を保有する都市圏に 1
億2400万ユーロ（92.5％）が支出されている．また国庫補助制度は，地下鉄や VAL が
上限補助率20％であるのに対し，トラムなど地上系 TCSP は上限35％に設定されるなど，
政策誘導的な仕組みも存在した．国庫補助については，青木・湧口（2008c）も参照の
こと．なお，国庫補助廃止以前から建設が決定していた路線への補助等が存在するため，
2004年以降も補助額は 0 でない．

5 ） CERTU "Annuaire Statistique Transports Collectifs Urbains" 各年版の数値による．

6 ） 2012年に都市圏人口30万人以上で，地下鉄や VAL が整備されている都市圏は，リ
ール（Lille），リヨン，マルセイユ（Marseille），レンヌ（Rennes），トゥールーズ
（Toulouse）の 5 都市圏，トラムの整備されている都市圏は，ボルドー（Bordeaux），
グルノーブル（Grenoble），モンペリエ（Montpellier），ナント，ニース（Nice），ルア
ン（Rouen），サンテチエンヌ（Saint-Étienne），ストラスブール（Strasbourg），バラ
ンシェンヌの 9 都市圏，トラムなど TCSP が整備されていない都市圏は，エクス・ア
ン・プロヴァンス（Aix-en-Provence），ランス（Lens），トゥーロン（Toulon），トゥ
ール（Tours）の 4 都市圏である．このうちボルドーでは2009年に，バランシェンヌで
は2010年にトラムが整備された．

7 ） 青木・湧口（2012）を参照のこと．交通手段分担率のデータは，CERTU（2012）に
よる．

8 ） フランスの交通手段における乗用車の分担率（2000年）は83.2％である一方，同年
の日本の数値は60.9％である．

9 ） 自動車分担率の推移には，TCSP 整備以外に景気動向やガソリン価格などの要因も
影響を与えていると考えられる．

10） 2014 年 か ら CEREMA（Centre d'Études et d'Expertise sur les Risques, l'Envi-
ronnement, la Mobilité et l'Aménagement）と改組された．

11） データは，大気法による都市圏交通計画の策定が本格化し，宇都宮（2014）のドイ
ツのデータと比較できる1998年以降としている．

12） TSLS では，座席キロの操作変数として前期の座席キロを用いて，他の説明変数は
そのままの値を用いている．

13） Bresson et al.（2003），Bresson et al.（2004）は，都市圏別データによるパネルデ
ータベースを構築して，1995年以前の期間で分析している．

14） 運賃を対数変換しない半対数の関数でも推計を行ったが，各説明変数の符号や有意
性はほぼ同じ結果であった．

15) ダイナミックモデルでは，被説明変数と誤差項が相関を持つため，推定量はバイアスを持ち，一致性も持たず，これを解決する推計法として GMM が用いられる．ここでは，Allerano and Bond 操作変数を最小ラグ 2，最大ラグ 3 として推計している．

16) 具体的には，ボルドー，ナンシー，ミュールーズ（Mulhouse），ニース，バランシェンヌ，オルレアン，カン，クレルモンフェラン，ル・マン，モンペリエの計10都市である．

17) 例えば，ルアンについては青木・湧口（2005），ナントは青木・湧口（2014）を参照のこと．アンジェ，ル・マンにおいて，トラム整備後に公共交通利用者が増加したことは，塚本ほか（2014）で述べている．

18) ただし，軌道系交通の導入により，バスと軌道系交通を乗り継ぐ利用者がトリップ数として二重に加算されたケースも考えられる点に注意が必要である．

第6章　高品質な公共交通サービス導入に向けた新たな動き[1]

1　フランスにおけるガイドウェイ・バスの導入状況

　フランスの都市交通分野では，2000年以降，トラムや乗合バスに代わり，ガイドウェイ・バス[2]を導入する例が，ナンシー（Nancy），カン（Caen），クレルモンフェラン（Clermont-Ferrand）など複数の都市で見られる．さらにトラムが1985年に復活したナント（Nantes）では，2006年11月に第四のトラムとしてフランス版 BRT ともいえる，BHNS（Bus à Haut Niveau de Service，高品質な新バス・サービス）として「バスウェイ」（Busway）を導入した．さらに既存路線で「クロノバス」（Chronobus）の整備が進んでいる．これらは財政制約を満たしつつ高品質な公共交通サービスの提供という二兎を追う施策である．本章では，ある程度評価が定まりつつあるフランスのガイドウェイ・バスや BHNS について，トラムやバスとの比較分析や制度的背景などを論じる．

　フランスのガイドウェイ・バスは，道路に設置されたガイドウェイに誘導されてゴムタイヤ車両が走行するのが基本形態である．大きく3タイプが導入されている．ナンシーとカンに導入された TVR（Transport sur Voie Réservée）は，ボンバルディア社が開発したシステムで，架線から電気を得てモーターを駆動させ（ディーゼル・エンジンでの走行も可能），ゴムタイヤ車両が走行する．中央の案内用レールをガイドウェイとして利用する．ガイドのない区間も運転手のハンドル操作で走行可能である．一方，ルアン（Rouen）は，シーメンス社の開発した光学式ガイドウェイ・バス（CIVIS）のシステムを採用しており，道路上に描かれた白線をカメラが読み取り車両を誘導する[3]．ルアンでは，停留所付近でのみ車両誘導を行っている．車両はフランスでよくみられる連接タイプのバスであり，動力もディーゼル・エンジンを使用している．クレルモンフェラ

写真6-1　ナンシーに導入されたTVR
ゴムタイヤ走行であるため，バス同様に勾配のきつい
道路も走行できる．またTVRの特徴として，写真の
場所のようにガイドウェイが設置されていない道路上
も走行可能である．
出典：筆者撮影．

ンのトランスロール（Translohr）は，フランスのロール社が開発したシステム
で，中央のガイドウェイを鉄車輪で左右から挟み込んで車両誘導を行う．架線
から得た電気でモーターを駆動させ，ゴムタイヤが駆動輪になるとともに車両
重量を支えている．日本では三井物産プラントシステム（株）が堺市で2009年
まで導入に向け試験を続けていた．

（1）ナンシー

　フランスで最初にガイドウェイ・バスを導入したナンシー（都市圏人口26.3万
人：2012年）は，既存のトロリー・バス路線を改修する形で2000年末に郊外の
住宅団地（Essey Mouzimpré）からSNCF（国鉄）駅（Nancy Gare）を通り大学病

写真 6 - 2　ルアンに導入された TEOR
東西方向の幹線に導入された TEOR は，バス前部に取り付け
られたカメラで白線を読み取り車両を誘導する．
出典：筆者撮影．

院（Vandœuvre CHU Brabois）まで11.5 km の路線を，TVR システムで開業した．
フランス初のガイドウェイ・バスであり，現在では技術的問題は解決している
と言われるが，開業当初は初期トラブルが頻発した．このことがガイドウェ
イ・バスの各種規制強化につながったと言われている．2012年のガイドウェ
イ・バスの利用者は995.7万人である．（**写真 6 - 1**）

（2）ルアン

　2001年 2 月に開業したルアン（都市圏人口49.6万人：2012年）は光学式ガイドウ
ェイ・バスを採用しており（CIVIS），市内を東西方向に結ぶ 3 路線（T1，T2，
T3）に「TEOR」（Transport Est Ouest Rouennais）の名前で導入されている
（T1：C. H. U. Charles Nicolle ― Mont aux Malades，T2：Tamarelle ― Maire V. Schœlcher，
T3：Durécu-Lavoisier ― Monet）．既にルアンでは1994年にトラムを導入しており，
フランスで唯一ガイドウェイ・バスとトラムが共に導入されている都市である．
ガイドウェイ・バスの導入は，高低差が大きいという地形的制約とともに，ト
ラムを導入するほどの需要がない路線で，トラム並みの高いサービス水準を確
保するためとされている（**写真 6 - 2**）．ルアンで導入されている TEOR につい
ては，次節で詳述する．

写真6-3　カンに導入されたTVR
カンとナンシーでは同タイプのTVRが導入された. 中央にあるレールがガイドウェイである.
出典：筆者撮影.

（3）カン

　2002年11月に導入されたカン（都市圏人口22.2万人：2012年）のガイドウェイ・バスは，CAEN Campus2 ― IFS Jean Vilar のA線と HÉROUVILLE Saint-Clair ― CAEN Grâce de Dieu のB線の2路線15.7kmでナンシーと同様のTVRシステムが導入されていた. ガイドウェイ・バス導入理由としては，10％強の勾配を含む地形的な制約の他，トラムに比べ費用が安いと予想されたことや既存のバス車庫を再利用できることなどが指摘される. 2012年のガイドウェイ・バス利用者数は1,230.1万人である. カンのTVRは2018年1月に廃止され，2019年9月開業を目指してトラムへの置き換え工事が進められている（**写真6-3**）.

（4）クレルモンフェラン

　世界的なタイヤメーカーとして有名なミシュランの本拠地として知られるクレルモンフェラン（都市圏人口29.0万人：2012年）のガイドウェイ・バスは，ロール社のシステムを採用している. 2006年10月に，Champratel から CHU Gabriel-Montpied まで10kmが開業した. 2007年9月にさらに Pardieu まで4km延長されている. TVRやルアンのTEORとは異なり，ゴムタイヤ車両だがガイドウェイ無しでは走行できないため，法律上のバスとは見なされてい

写真6‑4　クレルモンフェランに導入されたトランスロール
外観はトラムと似ているが，中央にある一本のレールをガイドウェイとして利用するゴムタイヤ車両である．
　　出典：筆者撮影．

ない（「道路法典」[Code de la Route] の対象外となる）．2012年のガイドウェイ・バス利用者数は1,458.9万人である（**写真6‑4**）．

2　ルアンにおける TEOR 導入

（1）ルアンの概要

　フランス北部ノルマンディー地方の主要都市であるルアンの人口は，都市圏全体で49.6万人（2012年）である．セーヌ川をさかのぼりルアンまでは外洋船の入港が可能なことから，古くから原材料や工業製品の輸出入港として栄え，各種工業が発達してきた．市内の公共交通手段としては，1994年12月に開業したトラムと，2001年2月に開業した光学式ガイドウェイ・バス（CIVIS；ルアンでは「TEOR」と呼ばれる），一般の路線バスが混在する．ルアンでは，公共交通の運営は郊外の一部路線を除き，CONNEX 社系の TCAR がトラム，TEOR及び路線バスの運行を，30年契約（契約期間は2025年まで）で一括して受託していた．運賃は，トラム，TEOR，バスにかかわらず，全て1乗車1.5ユーロ（2012年）であり，通常運賃以外に回数券や定期券，学生や高齢者を対象とする割引乗車券が設けられている．

表6-1　ルアンにおけるトラム投資の財源

100万ユーロ

補助金（国・県・都市圏）	ルアン都市圏連合（交通負担金）	資本金	借入金	合計
102.8	202.3	7.6	160.0	472.6

出典：Orselli（2004）より筆者作成.

（2）トラムの導入

　フランスの多くの都市と同様，19世紀後半（1874年）に最初の路線が開業したルアンの路面電車は，1930年代以降，徐々に乗合バスへと置き換えられ，1953年2月に最後の路線が廃止された．しかし1980年代後半から，ナント，グルノーブルの成功を受け，導入に向け研究を開始し，91年に公益事業宣言を行い94年末に新たにトラムを開業した．現在の路線は2路線18kmであり，南北方向の主たる交通手段となっている．夜間人口密度4000人，昼間の雇用人口1000人以上の地区を通過するように路線設定されている．

　導入にあたっては，都市圏全体で当時約40万人の人口がいるのに対し，路線があるルアン市の人口は10万人と，都市圏に対し市の人口が1/4しかない上，環境問題や騒音問題から建設にあたり中心部をトンネルにする必要があるなど，課題解決に10年以上の時間を費やした．ルアンでは，トラムのことを「Metro」（又は「Metrobus」）と称しているが，これも導入時のトラム＝古くさいというイメージを改善するためである．

　計画段階では，中心市街地の小規模商業者を中心とする反対もあったとされるが，コンセンサス確保に努めた結果，導入に向けた1989年のアンケートや1995年に実施したトラム延長開業に関するアンケートでは，賛成が多数を占めた．また事業者が定期的に実施する利用者満足度調査でも，トラムは20点満点で15.1点と高い評価を得ている（後述）．トラムの投資額は，総額4億7260万ユーロに達したが，このうち交通負担金からの収入が2億230万ユーロと42.8％を占めたほか，国，県，都市圏からの補助金も1億280万ユーロに達した（表6-1）．

　表6-2およびTCAR資料によると，1993年と2003年の10年間の比較で，公共交通は走行キロで21.4％，利用者数で54.5％，収入で64.1％増加した．ルアンは，セーヌ川の北部に高所得者が多く，セーヌ川の南部に比較的低所得者が

表6-2　TCAR の輸送状況

		1993	1995	2000	2003	2007	2010	2012
トラム	利用者数	—	10.5	15.257	15.233	15.750	15.103	15.109
	走行キロ		1.1	1.390	1.427	1.411	1.399	1.460
TEOR	利用者数	—	—	—	6.854	9.979	12.721	14.409
	走行キロ	—	—	—	1.658	2.49	2.553	2.803
バス	利用者数	25.7	22.3	23.074	17.631	15.655	14.795	16.489
	走行キロ	10.8	11.1	10.734	10.021	9.685	9.7	n.a

単位：トリップ数—100万トリップ，走行キロ—100万キロ
出典：Jane's Urban Transport Systems 及び TCAR 資料，CERTU（2013）より筆者作成.

多く居住しており，市内北部と南部との間の交流は従前少なかったが，開通により両地域間の交流が増えたと言われている．2003年のトラム利用者数は年間1,523.3万人である．10年間でバスの利用者数が2,570万人から1,763.1万人へと減少しているのに対し，トラム利用者は開業以来，増加ないし横ばい傾向にある[8]．2003年にトラムは走行キロでは全体の10.9％（142.7万キロ）を占めるに過ぎないが，利用者数では全体の38.4％を占めており，相対的に高い利用効率を示している．この傾向は現在まで継続しており，2010年もトラム走行キロが全体の10.2％（139.9万キロ）に対し，トラム利用者数は全体の35.4％（1,510.3万人）に達している（表6-2）．

（3）ガイドウェイ・バスの導入

　東西方向の交通手段として，光学式ガイドウェイ・バス「TEOR」は2001年2月に開業した（当時は T2，T3 路線の12km）[9]．翌2002年に T1 路線が開業し，さらに2007年に T2 路線が Tamarelle へ，T3 路線が Durécu-Lavoisier へと共に市内東部へ延伸された．2012年には3路線（T1，T2，T3）の計38km が運行している．トラムが1日5～6万人の輸送能力であるのに対し，TEOR は3～4万人／日と，比較的少ない需要に対応することを目的にしている．従来の路線バスの幹線系統1番，2番，3番から転換された．市内北西部の丘陵地にある住宅団地・大学から市内中心部を通って市内東部の住宅団地まで結ぶ路線である TEOR は，末端部分で高低差が200m 程あり，通常のトラムでは勾配に対応できない上，既存トラム路線と比較して需要が少ないと予想された．その

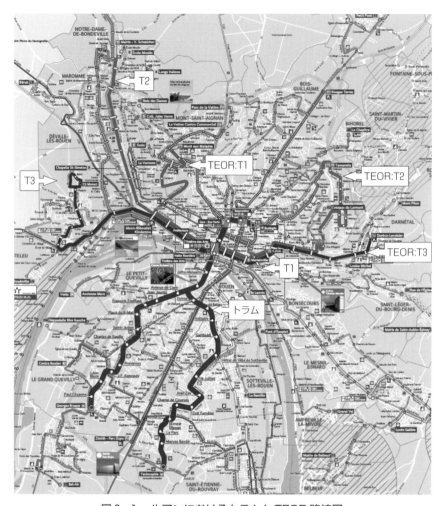

図6-1　ルアンにおけるトラムと TEOR 路線図

出典：TCAR 路線図（https://reseau-astuce.fr/ftp/document/plangen17.pdf）より筆者加筆.

結果，投資額が少額で済むこともあり，TEOR の導入につながった.

　TEOR は，バスとトラムの中間の輸送機関と位置づけられている．「渋滞に巻き込まれない」，「時刻表による運行」，「乗り心地の良さ」，「屋根付きで，ベンチのある快適な停留所」，「低床バスの導入」など，トラム並みのサービス品質を維持しつつ，バス＋α の建設費での整備を目指している．開業時の TEOR

表6-3　ルアンのトラムと TEOR

	トラム	TEOR
1編成あたり輸送人員	185人	100人
ピーク時の運行編成数	22	49
運行間隔	3分間隔	2分間隔
1時間あたり運行本数（一方向）	20	30
1時間あたり輸送力（双方向）	7400人	6060人
平均速度（2002）	19.2km/h	18.0km/h
2003年輸送人員（万人）	1523.3	685.4

出典：Orselli（2004）および TCAR 資料をもとに筆者作成.

車両と停留所の段差，隙間をなくして乗降を容易にする

車載カメラで白線を認識し車両を停留所で正しい位置に停車させる

写真6-5　TEOR の仕組み

出典：筆者撮影に加筆.

は，定員110人（トラムは定員200人）の車両を中心部は2分間隔で運行し，末端では最大6分間隔で運行している（表6-3）．専用レーンの設置，停留所の整備，光誘導システムの導入などが，TEOR の具体的特徴である．光誘導システムにより，常時，停留所と車体の隙間を5cm に維持でき，停留所と車体の段差が5cm 程度であることと相まって，乗降が容易になる．この状態を運転手のハンドル操作で毎回確実に維持することは難しい．（写真6-5）

　TEOR の3路線が開業した2003年以降の利用者数推移をみると，路線延伸の影響もあるが，利用者数は増加傾向にある．TEOR 路線は既存バス路線か

らの転換であるため，TEORと路線バス利用者の合計を比較すると，2003年の2448.5万人から2012年には3089.8万人へと，26.2％の増加を示している（表6-2）．

（4）交通政策におけるTEORの位置づけ

ルアンでは，トラムを1994年に導入した後，2001年にガイドウェイ・バス（TEOR）を導入しており，1つの都市圏で異なる軌道系システムが併存している．トラムが高い評価を得ていながら別のシステムの導入に至った要因は，地形的制約のほか，トラムを導入するほどの需要は存在しない路線で，サービスの質を向上させることにある．2001年に運行会社のTCARが利用者1,000人を対象に電話で実施した利用者満足度調査では，全体評価でTEORはトラムと同等の15.1点を獲得しており，幹線バスの14.1点と比較して高い評価を得た（表6-4）．同調査は，3年に1回実施しており，個別のサービス水準と全体評価に対し0〜20の点数をつける形式である．各項目の点数だけでなく，利用者が重視している項目で点数が低い場合や，前回と比べ得点が低下している場合に問題とされる．TEORについては，開業直後であり，物珍しさから評価が多少甘めに出ている可能性をTCARのPhilippe LEMASSON氏は指摘するが[10]，調査内容の詳細をみると，重要度の高い「快適性」や「利便性とわかりやすさ」，「TCARの職員について」の各項目や，それぞれの細目である「トラム／バスの運転は丁寧である」「トラム／バスの車内は快適と感じる」「トラム／バスは速い」「検札係は礼儀正しかった」などで，TEORはトラムと共に，バスより高い評価を得ている．TCARでは，12点以上を「満足」または「一応満足」とみなしており，全ての質問項目でTEORはこの基準をクリアした．

一方，整備費用に注目すると，土木工事費や車両費が削減できることから，TEORはトラムと比較して少額で整備可能である（表6-5）．TEORの投資額は，総額1億4,350万ユーロとトラムの約1/3であり，キロあたりで比較すると1/6程度とかなり少額になる．

ルアンの場合，地形的制約や需要要件からトラム整備が困難な路線について，トラムと同等レベルの質の高い公共サービスを，最小の投資で導入できるという意味で，TEOR導入は有効な選択肢であったと言える．

表6‐4　TCAR による利用者満足度調査（2001年）の結果（主要項目を抜粋）

	重要度	全体	トラム	バス（幹線）	TEOR
全体	—	14.8	15.1	14.1	15.1
快適性	0.38	13.9	14.2	12.9	14.6
トラム / バスの乗降は容易である	0.09	14.2	14.3	13.5	15.0
トラム / バスの運転は丁寧である	0.29	14.0	14.8	13.1	14.6
停留所 / 駅で快適に待てる	0.10	13.7	14.3	13.2	13.8
トラム / バスの車内は快適と感じる	0.26	13.6	13.8	12.4	14.2
トラム / バスは混雑していない	0.11	12.3	12.5	10.6	12.9
車内でよく座れる	0.04	12.0	12.0	10.6	12.8
利便性とわかりやすさ	0.19	15.5	16.4	15.1	15.9
トラム / バスは速い	0.41	15.6	16.5	15.1	15.8
時刻表は使いやすい	0.18	15.0	15.8	15.2	15.5
トラム / バスは時刻表通り運行している	0.10	14.7	15.8	13.9	14.9
トラム / バスの到着まで長時間待つ必要がない	0.09	14.4	15.5	14.1	15.4
TCAR の職員について	0.12	15.0	14.9	14.9	15.0
運転手や職員はお客様に対して親切で愛想が良い	0.27	15.0	14.5	15.4	15.0
運転手と職員から丁重に扱われていると感じる	0.21	14.8	14.5	15.0	14.8
検察係は礼儀正しい	0.28	14.7	14.6	14.2	15.0
情報提供	0.07	14.4	14.9	14.1	14.4
トラム / バスの車内で路線や停留所の適切な情報が得られる	0.22	15.6	16.2	15.7	15.5
乗車中に問題が生じたときに，適切な情報が得られる	0.25	13.1	13.8	12.5	13.0
安全性	0.05	13.8	13.5	13.9	14.3
停留所 / 駅で襲われる危険がなく，安全と感じる	0.23	14.2	14.0	14.1	14.8
トラム / バスの車内で他の乗客から不安を感じない	0.26	14.1	13.8	14.1	14.2
施設の維持管理	0.05	15.1	15.6	14.8	15.5
トラム / バスは良好な状態を保っている	0.34	15.2	16.0	15.0	16.0
乗降する停留所と駅は清潔で，良く整備されている	0.24	15.0	15.3	14.6	15.5
トラム / バスは清潔である	0.32	15.0	15.5	14.7	15.1
運賃	0.04	13.3	13.2	13.3	13.1
発券システム	0.01	15.6	15.3	16.0	15.5
利用している乗車券は自分のニーズに合っている	0.21	16.7	16.5	16.9	16.5
券売機の使い方は簡単でわかりやすい	0.23	16.0	16.0	16.5	n. a.
券売機は故障していない	0.26	13.6	12.8	15.3	n. a.

出典：TCAR 資料より筆者作成.

表6-5　トラムおよびTEORの投資額

100万ユーロ

	トラム（15.1km）		TEOR（25.6km）
土木工事	192.7	軌道敷	34.9
電気機械一式	70.6	乗降場	7.0
軌道	38.1	土木工事	25.2
車両	63.7	各種設備	14.6
迂回路設定	67.2	環境対策工事	12.5
その他	16.8	車両及び車庫・工場	22.9
金融費用	23.5	迂回路設定	4.1
合　計	472.6	不動産取得	6.9
うち車庫・工場関係	26.5	技術料	1.1
うち不動産取得関係	0.0	保険料	2.2
		工事補助	2.7
		その他	2.4
		合　計	143.5
キロあたり費用	31.30	キロあたり費用	5.61

注：1998年価格で実質化
出典：Orselli（2004）より筆者作成.

3　ガイドウェイ・バス導入の要因

　フランスにおけるガイドウェイ・バス導入の要因を以下に整理しよう．要因は大きく3点考えられる．第一に，ゴムタイヤ車両であるため勾配に強く，既存トラムでは走行できない地域や，比較的低輸送量の路線に導入可能である．これら路線でも，各都市圏がPDU（Plans de Déplacements Urbains：都市圏交通計画）等で規定する目標を達成するためには質の高い公共交通サービスを提供する必要があり，それを可能にするモードとしてガイドウェイ・バスが選択されたと言える．典型的な例がルアンで導入されたTEORである．ルアンでガイドウェイ・バスが導入されたT1，T2，T3の3路線は，既存トラム路線に比べ輸送需要が小さく，勾配も厳しい路線であり，高品質な輸送サービスを提供するため乗合バスから転換された．

　第二の要因として，トラムに比べ導入費用の安いことが指摘できる．CERTU

表6-6　交通手段別投資額，運営費，輸送特性

	地下鉄	VAL	トラム	ガイドウェイバス	BHNS	通常バス
キロあたり投資額 （100万ユーロ）	70〜80 (100)	55〜65 (80)	18〜28 (31)	6〜18 (16)	5〜10 (10)	0.3〜2 (2)
キロあたり運営費 （1000ユーロ）	1012〜1169 (100)	777〜858 (75)	312〜436 (30)	―	―	39〜71 (5)
1日あたり輸送力 （人）	100,000 〜400,000	80,000 〜160,000	40,000 〜100,000	25,000 〜80,000	20,000 〜35,000	3,000 〜15,000
停留所間隔（m）	700〜800	700〜800	400〜500	400〜500	150〜300	150〜300
最小運行間隔（分）	1.5〜2	1〜2	±2	±2	2〜3	4〜5
平均時速（km/h）	25〜35	32〜35	18〜25	18〜20	15〜20	10〜20

注：投資額，運営費の（　）は，地下鉄を100としたときの比率.
出典：青木・湧口（2014）.

（Centre d'Etudes sur les Réseaux les Transports, l'Urbanisme et les constructions publiques：国立交通都市計画公共施設研究所）[11] 作成のデータより，交通手段別の輸送特性や費用特性を概観すると以下のようになる（表6-6）．トラムは地下鉄と比較すると投資額，運営費共に3割程度の負担で済む．これが90年代以降，フランス各地でトラム整備が進んだ一因だが，通常バスと比較すると15倍程度の資金を要する．高品質だが相対的に高コストのモードである．一方，トラムと比較すると輸送能力は半分〜8割程度であるが，ガイドウェイ・バスやBHNSは費用負担のより少ないモードと言える．そのため輸送需要が低い路線では有効な選択肢になる．

　第三に，フランス独自の要因として，「交通負担金」（VT: Versement aux Transports）の存在がある．フランスでは，都市圏全体の交通政策やインフラ整備・運営にあてる財政制度として，VT が課されている．VT の制限税率は，人口規模及び軌道系交通機関（TCSP: Transports en Commun en Site Propre，専用敷を走行する公共交通機関）の有無で異なっており，人口10万人以上の市町村またはコミューン間協力公施設法人で，TCSP を整備した場合，制限税率は1.75％と最高になる（市町村連合または都市圏連合の場合はさらに0.05％引き上げ可能で1.8％になる）[12]．TCSP がない場合は最高でも1％である．フランスでは，ガイドウェイ・バスは TCSP に該当するため，ガイドウェイ・バスを整備することは，

当該市町村に税収増（建設費等を考慮しても純増になることもある）をもたらすことになる．このような事情から，トラムを整備するほどの需要が見込めない路線や都市圏で，ガイドウェイ・バスを整備する誘因につながったと考えられる．2003年までは建設に対し国の補助も行われており，補助率の差異がこの傾向をさらに強めていた．

　一方，導入が進んだことで，いくつかの課題も明らかになった．第一に，費用面のパフォーマンスが予想ほどで無かった．要因は複数考えられるが，特定メーカーに製造が限定されるうえ，導入事例が予想ほど多くなかった結果，量産効果が発揮できず，価格低下が進まなかったことや，トラムが想定以上に安価になったことがある．また最初に導入されたナンシーで初期トラブルが頻発した結果，安全面の規制強化による費用増大も生じた．さらにガイドウェイ・バスは新しいシステムであり，互換性の欠如や既存のトラムや鉄道線との乗り入れができないなどの問題点も指摘される．システムが特定メーカーの技術に依存することで，価格下げ止まりと共に，各都市の車両増備や更新，路線新設計画等がメーカーの生産計画に影響するとの問題も生じている．例えば，TVR を導入したカンでは，ボンバルディア社が TVR 生産を事実上打ち切ったため，車両増備や，東西方向の新規路線の計画に影響が出た他，¹³⁾施設の老朽化もあり，2017年12月末で営業を取り止め，トラムへ置き換えられることになった．

　第二の問題は，フランスの諸制度との関係である．ガイドウェイ・バスは，「道路法典」の関係で事実上，車両長はバス車両と同様の最大24.5ｍに制限されており，¹⁴⁾輸送力拡大に限界がある．またトラムとガイドウェイ・バス（運転にバス免許が必要）で運転免許が異なるなど，法制度が必ずしもガイドウェイ・バスに有利になっていない．前述の VT は，ガイドウェイ・バスを含む TCSP の導入に大きな役割を果たしてきた一方，TCSP を整備した都市圏の多くが VT の上限税率を採用したことで，新たな投資を可能にする，将来の税収拡大の余地が見込めなくなっている．このことが，資金面からより低価格なモードを追求する一因となっている．

4　ナントにおける「バスウェイ」の開業

　フランス・ロワール地方に位置するナント都市圏は，ナント市を中心に24市町村から構成され，都市圏人口は596,640人（2010年）を数える[15]．都市交通の計画・管理は Nantes Métropole が担当しており，実際の運行は Nantes Métropole が65％，TRANSDEV 社が14％を出資する SEM（日本の第三セクターに相当）である Semitan が委託契約を結んで実施している．1985年1月にトラム（T1）が開業したナントは，フランスにおけるトラム復活の嚆矢となった都市で，現在3路線42 km が開業している（図6-2）．ナント市内の都市交通は，トラムの他に2006年11月に第四のトラムとして開業した BHNS である「バスウェイ」，50以上の通常のバス路線，空港シャトルバス，ロワール川の渡船（「Navibus」他）2航路，障害者向けデマンドサービスなどが運行されている．この他，郊外の周辺都市とナント市を結ぶバス路線が別途運行されている．ナント都市圏の年間輸送人員（2010年）は1億1,313万人であり，このうちトラムが6,440万人，「バスウェイ」が約1000万人を占める．運賃は1回1.5ユーロ（2010年7月1日以降）で，改札から1時間以内であればトラム，「バスウェイ」，バスなど全てで利用可能だが，通常料金で利用する人はほとんど無く，回数券（10枚で12.3ユーロ）や定期券の利用が一般的である[16]．運賃収入は運営費の1/3程度（2010年は31.5%）である．

　ナントでは，1985年のトラム復活以来，主要バス路線を中心にトラム路線へ置き換えが進んだが，2006年11月に第四のトラムとして「バスウェイ」が開業した．「バスウェイ」は従来のトラムとは異なり，BHNS として導入された．BHNS は，バス車両をベースとした専用空間を走行する公共交通という意味で，日本の BRT とほぼ同等の概念である．ナントでは，BHNS のブランド名として「バスウェイ」が用いられている．

　「バスウェイ」は，市内中心部の Foch Cathédrale から南の Porte de Vertou まで，ロワール川を越えて都市圏を南北方向に結ぶ7km の路線である．停留所は起終点を含め15箇所設置されている．運行時間は，平日は5：00〜0：30，土曜は深夜2：30まで延長される．中心部の Duchesse Anne Château で

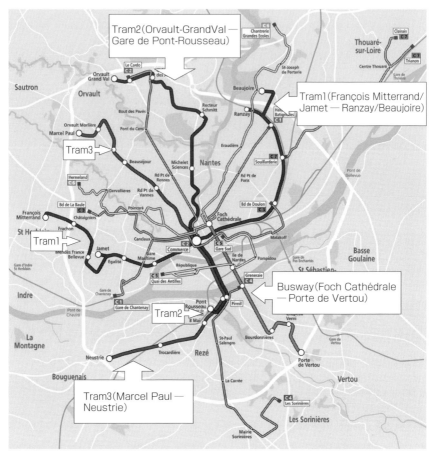

図6-2　ナントにおけるトラムと「バスウェイ」の路線図
出典：Nantes Métropole 資料に筆者加筆.

トラム1号線（**写真6-6**）と，中心部に入る手前の Gréneraie でバス8路線と
接続が図られている．Gréneraie でバス路線に乗り継ぐことで，交通拠点の1
つであるトラム2，3号線の Pirmil へ接続することが可能である．また，中
心市街地の手前に位置する Porte de Vertou や Gréneraie など沿線6箇所に計
1,280台が駐車可能な「P＋R」（パーク＆ライド，フランスでは「P＋R」という表現が
なされる）が設置されており，ほぼ100％の利用率である．「バスウェイ」利用
者の駐車料金は無料（「バスウェイ」乗車時に1.5ユーロの乗車券が必要）であり，市

**写真6-6　第四のトラムとしてナントに導入され
　　　　　た「バスウェイ」**
ブルゴーニュ公爵城の前（Duchesse Anne Château）で
トラムの線路を横切る「バスウェイ」の車両.
　　出典：筆者撮影.

内中心部の駐車料金が2時間2.5ユーロ程度であることを考慮すると，P＋R利
用による公共交通の利用促進を目指した施策と言える[17].「バスウェイ」の一連
のサービス提供形態は，トラムで導入されている施策と同様であり，「バスウ
ェイ」を従来のバスではなく，トラムと同等の質の高い交通機関と市民に認識
してもらうことを目指している.

　「バスウェイ」導入の背景として，既に開業していたトラム3路線が高評価
を得ており[18]，輸送量がより少ない路線についてもトラムと同水準な高品質サー
ビスを導入する必要があった一方，交通負担金の税率が当時の上限の1.8％に
達しており増収余地がないことや，TCSPの整備に対して国が最高35％の補助
を行う制度が，EUの財政赤字の規程への対応から2004年度に廃止され，施設
整備に対する厳しい財政制約の中で，相対的に低額で整備できるモードが求め
られるようになったと指摘できる.ナントの「バスウェイ」は従来型トラムと
して建設される予定であったが，準トラムと言えるBHNSへ計画変更された[19].

　ナントの「バスウェイ」導入費用は，トラムの約1/3の総額7,500万ユーロ
（キロあたり1,070万ユーロ）と低額であり，トラムと同等な高品質な公共交通手段
であることを考慮すると，費用対効果の高いモードと言える.内訳は，施設整

写真6-7　交差点を優先通行する「バスウェイ」
左折する自動車（赤い車）を赤信号で停止させて，「バスウェ
イ」車両を優先的に通過させる．
出典：筆者撮影．

備に6,000万ユーロ，車両費に1,100万ユーロ，土地購入費に400万ユーロであ
り，資金は主に Nantes Métropole が負担した．「バスウェイ」は，BHNS と
しては整備費用が高額だが，これは計画段階ではトラムとして建設予定であっ
た路線を BHNS へ設計変更したとの経緯から，将来的にトラムへ転換可能な
ように施設その他を設計していることも一因である．しかし，現時点の輸送量
から考えると，「バスウェイ」導入は良い選択であったと Nantes Métropole
の担当者はヒヤリングで述べていた．
　「バスウェイ」は，フランスの法律上はバスと見なされるが，ナントでは
「バスウェイ」をトラムと同等のサービス水準を提供する輸送力の小さなモー
ドと位置づけている．高品質なサービスを目指し，定時性や速達性の確保に力
が入れられている．例えば，中心部の歴史的景観地区の約400mと郊外部で道
路が狭隘で拡幅の困難な約500mを除き，専用レーンを設置すると共に，トラ
ムと同等の運行速度を維持するため，交差点での車両の優先通行権やロータリ
ーの縦断などを，特別許可を得て実施している（**写真6-7**）[20]．その結果，「バス
ウェイ」の平均速度は，通常バスの15km/hより高速の20km/hとトラム並み
の速度を維持している（**表6-7**）．また，遅延も少なく，最大で1〜2分程度
にとどまっている．トラムと同等の高頻度運行が実施されており，既存バスと

表6-7　トラムと「バスウェイ」の比較（2013年）

	トラム1号線	トラム2号線	トラム3号線	Busway
路線長：km	17.36	11.75	13.90	7.00
停留所数：所	34	25	32	15
平均停留所間隔：m	510	490	459	450
ピーク時運行間隔：分	3	3～4	5	3
オフピーク時運行間隔：分	6	6	7	5
平均速度：km/h	21	18.3	19.2	20
1日平均利用者数：人	114,500	85,000	76,500	30,000
P+R箇所数：所	5	6	10	6

出典：青木・湧口（2014）.

比較して利便性も向上している.

　さらに乗降を容易にする工夫もなされている. 車両とバス停の段差を最小にするようにバス停の高さを27cmかさ上げした他，停車時に車両とバス停の隙間を最小かつ常に一定に保てるように，すべてのバス停を直線部に設置すると共に，停留所部分の道路を少しくぼませることで，運転手が規定の位置に確実に停車できるように工夫をこらしている. この結果，トラムと同様，車いすやベビーカー利用時でも容易に乗降が可能になっている.

　また，停留所を屋根付きとして，乗車券の販売機やバスロケーションシステムの電光案内板を設置するなど，トラムと同等の施策が導入されている（写真6-8，6-9）. さらに専用デザインのノンステップ式連接バスを導入して，車内ディスプレイで停留所案内や乗換え案内を表示するなど，利用者に優しい乗り物を目指した取り組みが随所にみられる.

　一方，これら高品質サービスを確立する施策と共に，利用者に高品質サービスであると認識してもらい差別化を図る目的で，「バスウェイ」のブランドを確立する様々な工夫がなされている. 例えば，一目でわかる特別デザインの車両とロゴを採用した他（写真6-10，6-11），専用レーンには「バスウェイ」車両のみを走行させて既存バスは走行させていない[21]. さらに運転手の乗務シフトをトラムと共通にすることで既存バスの運転手と区別する[22]他，乗車時に運転手に運賃を支払う既存バスと異なり，停留所で事前に乗車券を購入して車内では運賃収受を行わない信用乗車システムを採用する，運転席を密閉構造にして客室と分ける（写真6-12）など，細かい部分までトラムで採用されている方式に

写真 6‑8　トラムと同等の設備を持つ「バスウェイ」の停
　　　　留所

出典：筆者撮影に加筆.

写真 6‑9　トラムの停留所（下）

出典：筆者撮影に加筆.

**写真6‑10　既存バスとは異なる「バスウェイ」の車
体デザイン**
既存バスとは異なるデザインを採用している「バスウェイ」車両
　出典：筆者撮影.

写真6‑11　既存バスのデザイン
白地の車体に緑のラインがアクセントとして入っている.
　出典：筆者撮影.

写真6-12　トラム同様の密閉式の運転台をも
　　　　　つ「バスウェイ」(運転席のドアを
　　　　　開けた状態)
乗客は横のドアから乗り降りする.
　　出典：筆者撮影.

合わせることで既存バスとの差異を明確にして,「『バスウェイ』＝トラムと同
等の高品質サービス」というブランドイメージの確立に向けた取り組みが行わ
れている.

　ナントでは,トラムと「バスウェイ」は競合関係でなく,補完関係にあると
考えられている.トラムに対し,「バスウェイ」は30,000人／日程度と,利用
者が少ない路線を対象にしており,トラムと同等のサービスレベルを提供しつ
つ,相対的に費用の低廉な交通手段と位置づけられている.トラムと同等の高
品質な交通手段という特徴を反映して,1日あたりの「バスウェイ」利用者は
開業以来,増加傾向にある(表6-8).開業当初である2006年の17,000人から
2013年には30,000人へ1.76倍の増加を示した.

表6-8　「バスウェイ」利用者数の推移（1日あたり利用者数）

2006.11	2007.1	2009.1	2011.1	2013.1
17,000	20,500	26,700	28,000	30,000

出典：Nantes Métropole 資料より筆者作成.

　Nantes Métropole が2006年12月に利用者1415人（男性523人，女性874人，無回答18人）を対象にバス車内で実施した調査によると[23]，「バスウェイ」利用者の多くは，「勤労者」（57.0％）と「学生」（高校生14.6％，大学生12.2％）で占められており，主に自宅と職場や学校間の移動（合計で55.5％）に利用している．利用頻度は，「ほぼ毎日」が48.1％，「週1～3回」の利用が21.8％と，7割近くの利用者が日常的にサービスを利用している．「バスウェイ」利用前の交通手段としては，57.5％が「バスまたはトラム」利用と回答しているが，「自動車から転換」（26.3％）や「自動車の同乗」（1.1％），「以前は出掛けていなかった」（7.7％）との回答もあり[24]，高品質な公共交通手段の整備が，新たな公共交通利用を一定程度生み出したことを示している．「バスウェイ」の評価としては，従来のバスと比べて71.8％が「かなり改善」，20.7％が「少し改善」，2.1％が「少し悪化」，1.8％が「かなり悪化」，3.7％が「変化せず」であり，おおむね好意的な評価を利用者から得ている（図6-3）．

　ナントでの「バスウェイ」導入を受けて，ノワール・アトランティック県西部の港湾，工業都市であり，ナントの外港として発展してきたサン・ナゼール（Saint-Nazaire）でも同様のサービスが2012年9月より開始された（写真6-13，6-14）．ナントの西約60km に位置し，都市圏人口121,777人（2012年）のサン・ナゼールでは，幹線ルートである Université — Gare SNCF — Mairie de Trignac，Gare SNCF — Montoir Moulin に BHNS が「hélYce」の愛称で導入された．「hélYce」は，平日は5時15分から23時15分まで高頻度運行（主要区間は7時から19時まで10分間隔で運行）が行われているほか，専用レーン整備や専用車両の導入，交差点の優先通行権やロータリーの縦断，券売機や運行情報の電光表示板を装備した屋根付きバス停の整備，信用乗車システムの採用など，ナントの「バスウェイ」とほぼ同様のシステムを採用している[25]．2013年の利用者数は，284.7万人である．サン・ナゼールでも同様のシステムが導入された

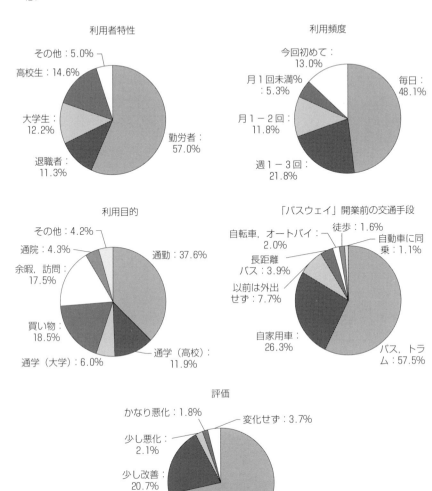

図 6 - 3 「バスウェイ」利用者アンケート

出典：Nantes Métropole による2006年12月の調査結果より筆者作成.

ことは，「バスウェイ」が一定の評価を得ていることを間接的に示している.

　この路線は西部の再開発地域と旧市街地とを結ぶ基幹的交通手段となってい
る. 西部地域（Université 方面）は1970年代から低家賃の賃貸住宅地域として開

写真6‐13　サン・ナゼールに導入された「hélYce」
サン・ナゼールでは，ナントの「バスウェイ」と同様のシステ
ムが導入された.
　出典：筆者撮影.

写真6‐14　「hélYce」の停留所
　出典：筆者撮影.

発されていたが，新たに42ha に官民合わせて5億ユーロが投資されて，保健
衛生拠点（Cité sanitère）と海岸に近接する福祉居住地域として再開発され，
2012年夏から本格的に居住が始まった（第一期1,400戸）[26]．再開発地域では，居住
者，通勤者双方に関して「誰にでも優しい都市」とすることを掲げているため
に，高品質サービスの交通手段が必要であった．将来の都市計画を見込んで選

択した交通手段が BHNS であった.

5 「クロノバス」の導入

　「バスウェイ」導入後のナントにおける課題は，トラムや「バスウェイ」を整備するほど輸送需要が多くない準幹線や，道路幅員の関係から専用レーンを整備できない路線を対象に，既存乗合バスより高品質な公共交通モードを，多額の費用をかけずに整備することである．2012年秋より，ナントではこれら路線について，ピーク時は6〜8分間隔，オフピーク時は10〜12分間隔という高頻度運行や定時性にすぐれた信頼性の高いダイヤ，早朝の5時から深夜までのトラムや「バスウェイ」と同等の運行時間帯，乗降の容易性などアクセスビリティの向上，専用停留所の整備や専用デザイン車両の導入などにより高品質なバス・サービスを提供する「クロノバス」を，主要路線に導入した．まず2012年10月1日に，従来の21番，32番，56番，94番の各路線がそれぞれC1，C2，C3，C4の4路線（計40.1km：重複を含む）に転換され，翌年8月26日にC5，C6，C7の3路線32km（重複を含む）が開業した．整備費は7路線で6,500万ユーロに達する．2013年秋にさらに3路線追加されて「クロノバス」は最終的に10路線まで計画され（図6-4），このうち2018年8月27日にC9，C20の2路線が開通した．[27]

　ナント都市圏の年間輸送人員（2012年）は1億2,133.6万人であり，このうちトラムが6,551.4万人，「バスウェイ」を含むBHNSが1,030.9万人を占める（表6-9）．BHNSには「バスウェイ」と共にクロノバスが含まれるが，クロノバス（C1，C2，C3，C4）の運行は2012年10月からであり，2012年のBHNS利用者数の多くは「バスウェイ」利用者と考えられる[28]．トラム利用者とBHNS利用者が全利用者の62.5%を占めていることは，もともと利用者が多い幹線ルート中心にトラムなどに転換されたことと共に，高品質サービスが評価され利用者が増加していることが要因と言える．フランスでは，公共交通が持つ移動の自由の確保やランドマークとしての役割に注目して，公共交通整備は貧困や高齢化などに伴う都市問題解決の手段という側面を持つ．利用者数の増減は評価の重要な指標と見なされるが[29]，その意味ではトラムや「バスウェイ」利用者の

図6-4　ナントにおける「クロノバス」路線図
出典：Nantes Métropole 資料による.

表6-9　ナントの公共交通利用者数

		2006	2007	2008	2009	2010	2011	2012
総数	路線数	76	78	79	73	71	75	67
	営業キロ：km	756	772	754	834	834	848	813
	利用者数：千人	104,426	109,535	112,793	112,720	113,127	116,557	121,336
トラム	路線数	3	3	3	3	3	3	3
	営業キロ：km	38	41	41	43	42	42	42
	利用者数：千人	61,204	63,563	66,068	65,775	64,399	62,816	65,514
BHNS	路線数	—	—	—	—	1	1	5
	営業キロ：km	—	—	—	—	6	6	17
	利用者数：千人	—	—	—	—	6,564	7,066	10,309

注：2012年の BHNS 数値にはクロノバスが含まれる. また BHNS の数値は CERTU 統計に2010年より記載.
出典：CERTU（2011）（2013）より筆者作成.

増加は，これらモードが一定の評価を得ている証と考えられる．

　フランスにおいては，これまで高品質な公共交通機関を整備する必要性からトラムの導入が行われてきたが，近年は高品質かつ費用効率の高い交通手段を求める動きが高まっており，ナントでの「バスウェイ」や「クロノバス」のような新たな交通モードの導入へとつながっている．

注

1）　本章は，主に青木・湧口（2005）（2008c）（2014）に加筆修正している．
2）　本章では TVR やトランスロールなどを総称する表現としてフランスで利用される TRG（Transport Routier Guidé）の日本語訳としてガイドウェイ・バスの表現を用いる．フランスでは，同様の概念として，ゴムタイヤ・トラム（tramway sur pneu）も用いられている．本章が対象とするフランスの「ガイドウェイ・バス」は，日本の名古屋で導入されているガイドウェイ・バス（名古屋ガイドウェイバス）とは大きく異なっている．
3）　シーメンス社の誘導システムの利用は継続しているが，2006年以降はイタリアのイヴェコ社とルノーのバス部門が合併して誕生したイリスバス（Irisbus）社製の車両が導入されている．
4）　CONNEX 社から社名変更した VEOLIA TRANSPORT 社が，2011年に TRANSDEV 社と合併したことで，TCAR は TRANSDEV 系になった．
5）　その後運賃引き上げが行われ，2018年の1回券の運賃は1.7ユーロである．ただし各種割引制度があるため，1回券の利用は多くない．
6）　ルアンにおけるトラム導入前後の経緯については，望月（2001）に詳しい．
7）　2004年9月に実施した現地ヒヤリングによる．トラム導入は，これらアンケート結果も参考に決定された．
8）　トラムや TEOR へ利用者が転換していることも，バス利用者が減少した要因と考えられる．
9）　2002年当時の開業区間は，T1 が C. H. U. Charles Nicolle ― Mont aux Malades，T2 が C. H. U. Charles Nicolle ― Maire V. Schœlcher，T3 が Théátre des Arts ― Bizet の計25.6 km であり，主に中心部と市内北西部を結んでいた．
10）　2004年9月に実施した現地ヒヤリングでの意見．
11）　CERTU は2014年に CEREMA に改組された．詳細は第5章の脚注10を参照．
12）　2011年1月よりコミューン連合体や都市圏などで，観光コミューンに分類された場合は交通負担金の上限税率は2.0％になった．詳細は青木・湧口（2012），本書第3章を参照のこと．
13）　2006年9月に行った Viacités 担当者へのヒヤリング結果による．
14）　1992年6月5日の政令 n° 92-495による．一般的にトラムの場合，1編成の長さは30～40 m である．
15）　2012年の都市圏人口は603,757人である．

16)　2018年7月～現在の運賃は1回券1.7ユーロ，回数券15.3ユーロ，1日券5.6ユーロ
で，当時と同様，さまざまな割引がある．とくに自動車利用者を意識したグループ割引
（最大7人までの休日2回券や最大4人までの1日券）は割引率が大きい．このほか定
期券もあり，企業向けの販売を強化している．

17)　乗車券が駐車券を兼ねているとも言える．ビル付属の駐車場など一部を除き，市内
中心部を含め駐車場を Nantes Métropole が管理していることが，このような政策誘導
を可能にしている．

18)　ナントの公共交通パンフレット（"Le tramway de Nantes"）によると，ナント市民
のトラムに対する好意的評価は，導入後の1995年には93％に増加したとされる．また，
導入決定時の市長のシェナール氏は，"Place Publique" 誌（No. 30）のインタビュー記
事で，トラム導入について「C'est une réalization dont je ne suis pas mécontent（私
の不満のない成果だ）」（p. 37）と語っている．

19)　Nantes Métropole での担当者からのヒヤリングによる．

20)　これは日本の公共交通優先システム（PTPS）に相当するものだが，通常フランスで
は，交差点での優先通行権やロータリーの縦断はトラムでのみ行われており，バスでは
認められていない．「バスウェイ」は，フランスの法律上はバスと見なされるため，特
別許可を得ないと，これら施策は導入できない．

21)　物理的に通常のバスが専用レーンを走行することは十分可能であるが，政策判断と
して行っていない．

22)　運転手は，「バスウェイ」とトラムを交互に乗務しており，既存バスの運転は行わな
い．このようなことが可能なのは，日本と運転免許制度が異なるためである．

23)　2010年春にも212人を対象にインターネットを利用して類似調査を実施している．
2010年の調査では，回答者で大学生の比率が22.3％に増加した一方，退職者の比率は3
％に低下している（勤労者は56.5％，高校生は15％，その他は3％で大きな変化はな
い）．回答者の属性が異なるため単純に比較できないが，利用頻度は「ほぼ毎日」（39
％），「週1～3回」（16％）と日常的な利用者の比率が低下する一方，「週1回未満」
（10％），「月1～3回」（23％），「月1回未満」（13％）の比率が高くなっている．また
利用目的としては，「余暇，買い物」（38.2％），「通勤」（31.4％），「通学」（11.3％），
「通勤以外の業務目的」（6.9％），「その他」（12.3％）となっている．

24)　これ以外の回答としては，近郊列車（TER）や都市間バス（3.9％），自転車やバイ
ク（2.0％），徒歩（1.6％）である．

25)　「hélYce」の法律上の扱いは，ナントの「バスウェイ」同様にバスである．

26)　サン・ナゼール市（http://www.saintnazaire.fr/）及びサン・ナゼール地域都市局
（http://addrn.fr/）のサイトによる．

27)　同様に C5 は従来の58番の路線，C6 は22番の路線，C7 は82番の路線と92番の路線，
C9 は29番の路線と39番の路線，C20 は20番の路線を転換して開業している．

28)　参考までにナントにおける2013年の BHNS 利用者数は，「クロノバス」が新規に8
路線（営業キロ74 km）開業したこともあり，2,238.2万人と2.2倍に増加している．

29)　例えば CERTU（2004）では，TCSP 整備の結果を利用者数の増減で評価している．

第7章　フランスの都市交通政策から見えるもの

　本書では1980年代以降のフランスの都市交通政策について，主に軌道系交通機関であるトラムに着目して論じてきた．最後に，フランスの都市交通政策の動向を振り返りつつ，日本への示唆を考えたい．

　フランス第6位の都市であるナント（Nantes）は，1958年に市内から路面電車を全廃したが，その後1977年に市長に就任したシェナール（Alain CHENARD）氏による公共交通整備計画を受けて，トラムを新規に建設して1985年から運行を開始した．トラム復活はシェナール市長の政治決断であったが，その後のナントにおける経過は，第1章で述べたように多少複雑である．しかしナントは，フランスで一旦廃止された路面電車が復活した最初の都市であり，その後のフランス各都市でトラムが復活するきっかけとなった．開業前はトラムに懐疑的なナント市民も存在したが，現在では，多くの市民から高い評価を得るようになっている．さらに都市交通におけるトラム再評価の動きは，フランスだけでなく世界的な動きとなり日本の都市交通政策にも影響を与えている．

　ナント，さらにはフランス各都市でトラムが復活した理由はいくつか考えられる．フランスの都市交通政策では，都市部における渋滞緩和や公害，事故の削減という政策目標を実現する方策として，マイカー所有の抑制と公共交通機関の充実，利用促進という観点と共に，古くからの住民と移民を中心とする新住民との間の経済格差の解消など，都市問題全般の解決が重視されてきた．また時代の進展とともに，「交通弱者」は単に低所得者だけではなく，身体障がい者や高齢者へと広がりを見せている．ハード面からだけの福祉都市を作るのでなく，「誰にでも優しい」交通ネットワークをソフト面でも支援する必要がある．フランスでは，2000年代末から「グルネル法」（Lois Grenelle）の影響のもとで創設，改正された「交通法典」（Code des Transports）や「都市計画法典」（Code de l'Urbanisme）を通じて，行政が「公共」交通を整備する責務を担うこ

とが再確認され，実践されている．これら目的を達成するためには，質の高い公共交通サービスの提供が不可欠である．渋滞に巻き込まれにくく輸送力がバスと比較して相対的に大きい上，低床車両の開発や車両の高性能化など，近年の技術革新により高品質サービスを提供できるトラムは，この目標達成に向けた有力な選択肢である．このような利点を持つトラムの導入は，ナント，ルアン（Rouen）での先行導入や，トラム導入と大規模な中心市街地乗り入れ規制を組み合わせたストラスブール（Strasbourg）などで良好な成果を示したこともあり，フランス各地へ急速に広まった．

公共交通整備が急速に進んだ要因として，整備財源の裏付けが与えられていることも指摘できる．フランスでは，「VT」と呼ばれる「交通負担金」（Versement destiné aux Transports）が存在しているが，この制度は，公共交通の建設及び運営に充てられるために設けられた目的税であり，都市部で11人以上の給与所得者を雇用する雇用主が支払わなければならない．課税標準は「社会保障法典」（Code de la Sécurité Sociale）に定められた給与所得者及びそれに準ずる者の給与額で，税率はイル・ド・フランス（Île-de-France）地域圏で最大2.95％，それ以外の地方都市で最大2％である．イル・ド・フランス地域圏は1971年9月1日から，それ以外の大都市では1974年1月1日から導入された．VTの対象都市は，大都市から中小都市へ拡大しており，1974年の創設時には人口30万人超の都市が対象であったが，1983年には3万人超，1992年には2万人超，2000年には1万人超に引き下げられた．さらに2010年以降は「観光コミューン」という分類を設け，人口1万人未満の自治体であっても観光地と認定されればVTを導入できるようになった．

VTは受益者負担の原則に基づく自治体の自主財源であり，対象は都市内交通全般におよんでいる．大規模な都市交通インフラの整備を可能とする，恒常的かつ潤沢な財源が確保されていることが，フランスの大きな特徴である．また資本費補助とともに運営費補助にも利用可能である他，交通モードの制約が少なく，自治体の自主性が発揮しやすいという点もある．グルネル法の施行に関連して一旦廃止されたTCSP（Transports en Commun en Site Propre，専用敷を走行する公共交通機関）に対する国庫補助が2009年に復活するなど，制度拡充によりさらなる都市内交通の改善を図る動きもみられる．選択の自由が大きいこ

とは，近年ナントで導入された「バスウェイ」(Busway) や「クロノバス」
(Chronobus) など高品質なサービスでより費用対効果の高い，新たなモードの
導入を可能にした一因でもある．

　フランスの VT が交通モード等の制約が少なく，自主性が発揮しやすいと
の特徴は，日本における公共交通の維持活性化策との大きな違いでもある．日
本の地域公共交通の主たるモードは鉄道と乗合バスと考えられるが，補助制度
はそれぞれ個別に存在している．例えば，2011（平成23）年度からの乗合バス
路線維持に関する国庫補助制度「地域公共交通確保維持改善事業」では，旧来
の国庫補助をほぼ受け継ぐ「地域間幹線系統」への補助と，「地域内フィーダ
ー系統」に対する補助が行われているが，対象は乗合バス事業者などのバス運
行者への運行費補助が中心である．対象者やモードの限定は，2010年度までの
「地方バス路線維持費補助制度」や，地方自治体が独自に実施する県単補助制
度においても同様に見られる．資本費補助が含まれる「自動車運送事業の安
全・円滑化等総合対策事業（オムニバスタウン整備総合対策事業，交通システム対策事
業）」でも，対象モードは限定されている．また鉄道については，都市部での
鉄道投資を円滑に進めるため，「地下高速鉄道整備事業費補助」や「空港アク
セス鉄道等整備事業費補助」，「幹線鉄道等活性化事業費補助（幹線鉄道活性化事
業）」さらには「LRT 総合整備事業」など様々な制度が設けられているが，こ
れら制度もモード別かつ運営費と資本費を区別した制度設計であることが特徴
となっている．道路，鉄道，海上輸送という縦割り型の制度を改善するため，
地域公共交通を包括的に活性化，再生する新たな枠組みを構築する試みとして，
地域公共交通網形成計画の策定なども存在するが，未だ一部にとどまっている．

　フランスの公共交通運営を特徴付けるものに委託契約制度がある．都市内公
共交通の運行は全体の 9 割で民間企業に委託されており，自治体による直営は
例外的存在である．近年の受託企業は KEOLIS 社，TRANSDEV 社と独立系
の公営事業者の連合体である AGIR に集約されており，寡占化が進んでいる．
契約形態では，1980年代以降，経営委託や事業特許（コンセッション）など競争
的な契約手法が増加してきた．委託契約にあたっては，サービス内容，運行条
件，資金計画など多岐に亘る事項を取り決める必要があり，実施にあたりノウ
ハウが必要である．契約変更はトラム導入やバス路線再編時に起きやすい．

　公共交通の運行委託は，日本でも効率化を進める施策として，注目を集めており，フランスの取り組みは一つの先進事例とも言える．一方で，AOTUに雇用されている職員の大半は，全国労働協約により雇用条件が取り決められており，受託企業の裁量の余地は限られるなど，日本で議論されている運行委託制度とは，歴史的背景や社会状況の違いを反映して，かなり異なる様相を示している．前提条件が大きく異なっており，海外事例を参考にする場合の留意点を示しているとも考えられる．

　トラムをはじめとする軌道系交通機関の整備がもたらした成果は，第5章で論じたように，定量的および定性的分析から示される．成果指標の1つである公共交通の利用状況を見ると，大量輸送という公共交通の特性を反映し，都市圏の人口規模が大きいほど，都市交通の供給量と利用量を示す1人あたり走行キロと都市交通利用回数は増大する傾向にある．TCSPを整備している都市が多い人口30万人以上や人口10〜30万人の都市圏と，それ以下の規模の都市圏を比較すると，走行キロと利用回数に大きな差異が生じている．また1994年と2008年のデータを用いて都市の規模別，特性別の交通手段分担率の変化からトラム整備の成果を推測すると，TCSPが整備された都市圏が多く，公共交通の特性を発揮しやすい人口10〜100万人都市圏の都心部でのみ，自動車分担率が62.3％（1994年）から60.8％（2008年）へ低下している．

　定量分析からも導入成果は確認できる．イル・ド・フランス地域圏を除く32都市圏のデータに，国立統計経済研究所（INSEE）が公表している人口，物価指数等のマクロデータを付加した1998年から2010年までのパネルデータベースを用いた分析では，運賃やガソリン価格，1人あたり域内生産額や自動車台数，高齢化率，軌道系導入の有無が，利用者数の推計に影響していることが明らかになった．説明変数として軌道系の有無が有意であることは，TCSP導入により自動車から公共交通への転換，公共交通の利用者増を促したことを示しており，ルアンやナントなど個別都市の成果が，ある程度普遍的な事象であることを示唆している．

　計量分析の結果は，自家用車の利用が拡大する中で，地域公共交通の利用者が減少している日本の状況にいくつかの示唆を与える．宇都宮・青木（2015）では，①一定の人口規模を有する地方都市圏であれば，たとえ自家用車が普

及したクルマ社会であったとしても，軌道系交通機関のような信頼性の高い地域公共交通を整備することで，利用者全体を伸ばしつつ，都心部と郊外，外縁部の公共交通と自家用車の棲み分けを促すことが期待できること，② 高齢化の進展という事態に対しても，高齢者に優しい公共交通の整備によって，むしろ自家用車の運転が難しい高齢者を公共交通に取り込むチャンスがあり得ること，③ 地域公共交通の整備にあたっては，運賃を相対的に安価に保つことで需要を確保する必要があること（p. 159）を指摘している．

　一方，軌道系交通機関における最大の問題点は，整備や運営にかかる費用がバスと比べ巨額になることである．例えばルアンの場合，トラムの投資額はトンネル区間の存在もあるが，総額4億7260万ユーロに達している．一方，グレードの高い停留所や低床車両を導入しており，専用レーンを走行することで渋滞にも巻き込まれず，ガイドウェイを用いて車両を適切な位置に誘導することでバリアフリーな乗降を可能とするなど，トラムに匹敵する高品質な公共交通サービスを提供するガイドウェイ・バス（TEOR）は，編成あたり輸送人員はトラムの半分程度であるが，キロ当たりの投資額は1/6程度で済んでいる．トラム導入に見合う成果や，輸送力に見合う需要が確保できなければ，導入を正当化することは社会的に困難である．導入可能な都市は，都市規模等から一定の限度が存在する．フランスでは，都市規模や財政負担の観点から，カン（Caen）やナンシー（Nancy），クレルモンフェラン（Clermont-Ferrand）などで導入されたTVRなどのガイドウェイ・バスや，ナントで導入された「バスウェイ」と「クロノバス」など，新たなモードを選択する動きが生じている．これは，高品質な公共交通サービスの導入と，財政制約その他から費用対効果の高い交通手段を整備する必要性という課題を両立させる，一つの解答であろう．一方で，システムの互換性や持続可能性など，新規モード特有の課題も存在する．

　都心部で公共交通の利用促進を図ることは重要な政策課題であるが，高品質な公共交通サービスを整備するだけで，課題が達成されるとは限らない．人々が慣れ親しんできた自家用交通から転換してもらうためには，サービス供給者と利用者の情報の非対称性を解消し，利用者の意識改善を図ることも重要である．例えば既存のものとは異なるデザインを採用して利用者の視覚に訴えるこ

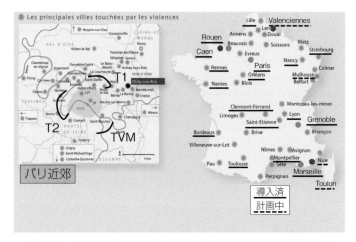

図7-1　フランスのトラム導入都市と2005年の暴動発生都市
注：T1，T2，TVM は TCSP（トラム，BRT）路線である．
出典：2005年当時，在仏日本国大使館が提供していた情報（地図）を筆者が加工したもの．

とや，既存バスサービスとの差別化を強調するなどの試みを通じて，高品質サービスとしてのブランド確立が求められる．ナントにおける「バスウェイ」の良好な利用実績は，これが一定程度成功したことを示している．どちらかというと個別のハード面の整備に目の向きがちな日本において，ソフト面まで含めたトータルとしてサービスを構築して利用促進につなげた事例は，検討に値する有益な示唆となろう．

　一方で，フランスが移民や障がい者など交通弱者の人々が安価で気楽に利用しやすい都市公共交通を整備し，住民の社会的融合を図ろうとする政策を30年以上にわたり展開し，環境面からも公共交通の利用促進を進める政策を10年以上にわたって展開したといっても，その成果が十分に得られているとは言い難いであろう．**図7-1**に示すように，2005年にフランス全土で相次いだ暴動が発生した都市の多くがトラムを整備済みの都市であった．また，2015年にパリ市内，近郊で相次いだテロの半分はトラムの沿線に集中していた．さらに，2018年終わりに始まった「黄色いベスト運動」（Mouvement des gilets jaunes）の発端は，燃料税，燃料価格の値上げによるものであった．このように考えると，大きなグランド・デザインに基づいて何十年にもわたり都市公共交通整備を重

ねても，当初のねらいを十分に達成するものにはならないことが見えてくる．
確固とした信念に基づく息の長い取り組みが必要であることを強く物語ってい
る．首長のイニシアティブが大切であることが垣間見えるであろうし，第1章
での考察が示すように，世間の認識とは逆でトラムを建設したから市長が落選
した訳ではないのである．同時に，トラムを整備すれば全ての問題が解決する
ほど単純でもない．

　フランスと日本の都市公共交通政策では，法律面の枠組みや委託契約制度な
ど，大きく異なる部分も存在する．社会的背景の違いや長い時間をかけて構築
されてきたそれぞれの制度は，どちらが良いと簡単に評価できるわけではない．
例えば，フランスでは VAL や地下鉄の無人運転も進んでいるが，背景には公
共交通職員によるストライキが多発することへの対応という点も見て取れる．
それ故，ある制度やシステムの一部を取ってきて既存の制度やシステムにその
ままはめ込んでも馴染まないであろう．したがって，フランスで実施されてい
る施策がそのまま日本で導入可能な訳ではないが，政策理念と施策との組合せ
を合わせて考えると，本書で紹介したフランスの都市公共交通政策は，有益な
示唆に富んだ一つの先進事例であることは間違いないであろう．

あ と が き

　本書では主に1980年代以降のフランスの都市交通政策について，トラムを中心に論じてきた．1985年のナントでのトラム復活は，その後のフランス各都市でのトラム整備につながり，さらにはBHNSなど新たな交通モードを生み出した．一度はフランスのほとんどの都市から姿を消したトラムが，各地で斬新なデザインの車両と共に復活し，スポットライトを浴びる様子は内外で多くの注目を集めたが，1冊の書籍として全体像をまとめて紹介したものは少ないように感じる．著者らは20年近くにわたりフランスの都市交通政策について調査，研究を進めてきたが，これまでの成果をとりまとめたのが本書である．調査時期や論文発表時期は本書の構成順序と多少，前後するが，フランスにおけるトラム整備状況の推移や，日本とは異なる点も多い交通負担金制度や運行委託制度などの都市交通に関わる諸制度，さらにはトラム整備の定性的および定量的な成果，新たなモードの登場という近年の動きをまとめることができた．ナントでのトラム復活に始まり，バスウェイやクロノバスをナントで導入するに至る一連の流れをとらえられればと思う．まだ未解明な部分や研究を掘り下げるべき余地は残されているものの，1つの区切りをつけることができたように感じる．

　本書は，その多くを青木と湧口がこれまでに共同で発表してきた論文等をもとにしているが，5章の「トラム導入の成果」の一部は，計量分析の第一人者である関西大学の宇都宮清人教授との共同研究の成果である．本書執筆にあたり，分析結果の利用をお認めいただいたことに感謝申し上げる．

　本書の執筆は，我々の研究が一定の成果を収めつつあった数年前から計画していたが，日々の学内業務等に追われ原稿執筆が遅れたことから刊行までに長期間を要することになってしまった．晃洋書房で編集を担当された井上芳郎氏と坂野美鈴氏をはじめ，ご迷惑をおかけした皆様にお詫び申し上げる．怪我の功名ではあるが，ナントでのシェナール市長当選前後の経緯や，カンでのTVRからトラムへの転換という最近の動きなど，これまで日本では紹介され

てこなかった内容を結果として取り込めたことでお許し願えればと思う.

　フランスの都市交通を理解する一助となり，日本の都市交通政策の発展につながることを祈って，本書の結びとしたい.

　2019年10月

青 木　　亮

湧 口 清 隆

参 考 文 献

〈邦文献〉

青木亮（2005）:「都市交通政策におけるトラムの評価——フランスと英国における比較——」『公営企業』第37巻第6号，pp. 2-10.

―――（2012）:「フランスにおける都市再開発とトラム整備」『鉄道史学』第30号，pp. 63-65.

青木亮・湧口清隆（2005）:「フランスの都市交通政策におけるトラムの現状と課題」『公益事業研究』第57巻3号，pp. 29-37.

―――（2007）:「フランス型BRTの普及とその背景」『人と環境にやさしい交通をめざす全国大会論集・第2集——路面電車の未来にむけて・第4集——』2007年9月，pp. 35-36.

―――（2008a）:「フランスにおける都市内公共交通の運営システムに関する考察」『交通学研究／2007年研究年報』，第51号，pp. 109-118.

―――（2008b）:「5章　フランスにおける交通事業の運営委託」『交通関係政府財源の流用問題と地方公共交通への補助政策に関する研究（日交研シリーズA443）』，日本交通政策研究会.

―――（2008c）:「フランスの都市交通政策にみるガイドウェイバスの意義と役割」『公益事業研究』第60巻第1号，pp. 1-9.

―――（2009a）:「5章　KEOLIS社にみるフランスの運行委託制度」『地方分権化の進展に伴う地域交通への公的関与のあり方（日交研シリーズA481）』，日本交通政策研究会.

―――（2009b）:「フランスにおける公共交通の運営形態と課題」『運輸と経済』第69巻10号，pp. 41-50.

―――（2010）:「フランスの都市交通について——LRTを中心に——」『都市交通政策の国際比較』，関西鉄道協会都市交通研究所，pp. 49-58.

―――（2012）:「フランスにおける都市交通の新たな潮流」『公益事業研究』第64巻第2号，pp. 1-10.

―――（2014）:「フランス・ナントにおける新たな公共交通施策導入の取り組み」『運輸と経済』第74巻第6号，pp. 76-86.

板谷和也（2016）:「フランスの都市交通政策における契約に関する論点整理」『流通経済大学創立五十周年記念論文集』，pp. 307-321.

ヴァンソン藤井由美（2011）:『ストラスブールのまちづくり』，学芸出版社.

宇都宮浄人（2014）:「ドイツの地域公共交通に関する実証分析——需要関数の推計と考察——」『交通学研究』第57号，pp. 65-72.

宇都宮浄人・青木亮（2015）:「フランスの地域公共交通需要の動向と特徴」『交通学研究』第58号，pp. 153-160.

ジュリアン・ムレ（2006）:「フランスにおける集団的労使関係——重層的システムの過渡期——」『日本労働研究雑誌』，第555号（2006年10月），pp. 26-39.

塚本直幸・南総一郎・吉川耕司・ペリー史子（2014）：「フランスにおける都市交通体系の転換に関する考察」『大阪産業大学人間環境論集』第13号，pp. 25-60.

中央大学（2016）：中央大学教養番組「知の回廊　第110回　まちづくり，環境対策と LRT」（2016年10月 8 日 J-COM　TV 放映），http://www.chuo-u.ac.jp/usr/kairou/news/2016/10/47945/ から視聴可能.

西村幸格・服部重敬（2000）：『都市と路面公共交通』，学芸出版社.

南聡一郎（2012）：「フランス交通負担金制度の歴史からの含意」『財政と公共政策』，第34巻第 2 号，pp. 122-137.

望月真一（2001）：『路面電車が街をつくる』，鹿島出版会.

〈欧文献〉

AGIR（2007）：*Performance et mobilite durable dans les reseaux independants de transports collectifs*, AGIR.

Bresson, Georges, Dargay, Joyce, Madre, Jean-Loup and Pirotte, Alain（2003）："The main determinants of the demand for public transport: a comparative analysis of England and France using shrinkage estimators," *Transportation Research* Part A, vol. 37, pp. 605-627.

―――（2004）："Economic and structural determinants of the demand for public transport: an analysis on panel of French urban areas using shrinkage estimators," *Transportation Research* Part A, vol. 38, pp. 269-285.

CERTU（2000）：*Les grands groupes français de transport de voyageurs*, CERTU.

―――（2002）：*Les transports publics urbains en France - Organisation institutionnelle*, CERTU.

―――（2004）：*Panorama des Villes à TCSP（hors Île-de-France）*, CERTU.

―――（2006）：*Rénovation urbaine et offre de mobilité*, CERTU.

―――（2007a）：*Gestion deirecte et gestion déléguée dan les transports publics urbains de province en France*, CERTU.

―――（2007b）：*Les grands groupes français de transport de voyageurs, Chronique des années 2001 à 2006*, CERTU.

―――（2007c）：*Guided public transport systems in France, Data for 2005 in the provence*, CERTU.

―――（2008）：*Annuaire Statistique Transports Collectifs Urbains : Évolution 2002-2007*, CERTU.

―――（2011）：*Annuaire Statistique Transports Collectifs Urbains : Évolution 2005-2010*, CERTU.

―――（2012）：*La mobilité urbaine en France*, CERTU.

―――（2013）：*Annuaire Statistique Transports Collectifs Urbains : Évolution 2007-2012*, CERTU.

Communsuté Agglomeration Rouennaise（2000）：*Plan de Déplacements Urbains de l'agglomeration Rouennaise*, Communsuté Agglomeration Rouennaise

Commissariat Général au Développement Durable (2012)：*Financement Durable des Transports Publics Urbains*, Commissariat Général au Développement Durable.

Chénard, Alain (2011)：'Alain Chénard:《Nous savions surtout ce qu'il ne fallait pas faire,》' *Place Publique*, No. 30, November and December 2011, pp. 33-37.

DfT (Department for Transport) (2017)：*Transport Statistics Great Britain : 2017*, DfT.

GART (2007)：*Financement des Transports Publics Urbains*, GART.

———— (2010)：*L'annee 2009 des transports urbains*, GART.

———— (2013)：*L'annee 2012 des transports urbains*, GART.

Journaux Officiels (2005)：*Les transports publics urbains*, Direction des Journaux officiels.

Laffont, Jean-Jacques and Tirole, Jean (1994)：*A Theory of Incentives in Procurement and Regulation*, MIT Press.

Lange, Pierre-Yves (2010)：'Tramway, la voie du retour,' *Nantes Passion* No. 205, June 2010, pp. 54-55.

McKay, John P. (1976)：*Tramways and Trolley*, Princetion University Press.

Orselli, Jean (2004)：*Les Nouveaux Tramways*, Paradigme.

VDV (Verband Deutcher Verkehrsunternehmen)：*VDV Statistik*, VDV.

Webb, Mary ed.：*Jane's Urban Transport Systems* (各年版), Jane.

Webb, Mary and Jackie Tee (2014)：*Jane's Urban Transport Systems 2014-2015*, IHS.

William, Roy and Yvrande-Billon, Anne (2007)："Ownership, Contractual practices and Technical Efficiency: The Case of Urban Public Transport in France," *Journal of Transport Economics and Policy*, Vol. 41, No. 2, pp. 257-282.（W. ロ イ，A. Y. ビロン著，青木亮翻訳，竹内健蔵校閲「所有権，契約の実施状況，技術効率性——フランスにおける公共交通の事例——」『高速道路と自動車』，第51巻第2号，第3号，2008年2月，3月）

UTP：*Convention Collective Nationale des Reseaux de Transports Publics Urbains de Voyageurs*.

地 名 索 引

人名・企業名・組織名索引

事 項 索 引

《著者紹介》

青木　亮（あおき　まこと）［第2，4，5，6，7章］

　1967年生まれ.
　1995年　慶應義塾大学大学院商学研究科博士後期課程単位取得退学.
　現在，東京経済大学経営学部教授.

主要業績

『都市交通の世界史』（共著），悠書館，2012年.
『現代交通問題考』（共著），成山堂書店，2015年.
『総合研究　日本のタクシー産業』（共編著），慶應義塾大学出版会，2017年.

湧口清隆（ゆぐち　きよたか）［第1，3章］

　1972年生まれ.
　2001年　一橋大学大学院商学研究科博士後期課程単位修得退学，博士（商
　　　　　学）.
　現在，相模女子大学人間社会学部教授.

主要業績

『EUの公共政策』（共著），慶応義塾大学出版会，2006年.
『食べればわかる交通経済学』，交通新聞社，2014年.
『空港経営と地域──航空・空港政策のフロンティア──』（共著），成山堂
　書店，2014年.

路面電車からトラムへ
──フランスの都市交通政策の挑戦──

2020年5月20日　初版第1刷発行　　＊定価はカバーに
　　　　　　　　　　　　　　　　　　表示してあります

著　者　　青　木　　　亮 ©
　　　　　　湧　口　清　隆

発行者　　萩　原　淳　平

印刷者　　江　戸　孝　典

発行所　株式会社　晃　洋　書　房

〒615-0026　京都市右京区西院北矢掛町7番地
　　　　　電話　075（312）0788番代
　　　　　振替口座　01040-6-32280

装丁　㈱クオリアデザイン事務所　印刷・製本　共同印刷工業㈱
ISBN978-4-7710-3236-1